MASTERPLAN MOODLE

Erfolgreiche Einführung einer Lernplattform in Schulen und Universitäten sowie Aus- und Weiterbildung

SEBASTIAN WIESCHOWSKI

wie-learning

Kontakt: wie-learning, Sebastian Wieschowski, Im Holzwinkel 7, 31655 Stadthagen, sebastian@wie-learning.de

Online: www.wie-learning.de

Inhalt und Gestaltung: Sebastian Wieschowski

Korrektorat: Prof. Dr. habil. Gerd Hradetzky, Dr. Susanne Wieschowski

Illustrationen: Sofern nicht anders angegeben, stammen alle Illustrationen von „www.flaticon.com“ bzw. „www.freepik.com“.

Hinweis des Autors zu gendergerechter Sprache: Für mich ist die Gleichstellung von Frauen und Männern, auch über den Kontext von E-Learning hinaus, selbstverständlich. Bei der Erstellung dieses Buches habe ich darauf geachtet, eine genderneutrale und gleichzeitig lesefreundliche Sprache einzusetzen (z.B. durch "Seminargruppe" statt "Teilnehmerinnen und Teilnehmer" oder "Teilnehmende"). Im Sinne einer besseren Lesbarkeit der Texte war dies vereinzelt nicht sinnvoll oder inhaltlich nicht korrekt. Sofern an einzelnen Stellen in diesem Buch ausschließlich die männliche oder weibliche Form von personenbezogenen Hauptwörtern gewählt wurde, impliziert dies keinesfalls eine Benachteiligung des jeweils anderen Geschlechts.

Inhalt

Vorwort des Autors

Nach fast zehn Jahren Jahren als Administrator einer Lernplattform verschwimmen allmählich die Grenzen zwischen Mensch und Maschine: "Hey, Moodle, kannst du mir mal bitte helfen", so lautet gelegentlich die direkte Ansprache bei Problemanfragen meiner KollegInnen - und inzwischen habe ich mehr als einmal den Vorschlag gehört, dass ich doch meinen ersten Sohn auch "Moodle" nennen könnte. In den Einführungsveranstaltungen werde ich als "Mister Moodle" vorgestellt, gerne mit dem Hinweis, dass man sich den wissenschaftlichen Mitarbeiter für E-Learning "warm halten" möge, weil man im Verlauf des Studiums immer wieder seine Dienste in Anspruch nehmen müsse.

Moodle ist seit Dezember 2011 fester Bestandteil meines Alltags - und seitdem haben Moodle und ich zusammen viele Höhen und Tiefen erlebt. Es ist wie in einer Partnerschaft: Man lernt einander kennen, ist fasziniert von den Fähigkeiten des Gegenübers, gewinnt einen tieferen Eindruck, auch von den Schwächen. Es gibt erste Krisen. Man entscheidet sich dennoch, dauerhaft zusammenzubleiben - in meinem Fall mit der Entfristung meines Arbeitsvertrages an der Fachhochschule der Diakonie zum Anfang des Jahres 2014. Und wie auch in einer Partnerschaft gilt im Hinblick auf Moodle – die Beziehung wird mit den Jahren immer noch ein bisschen besser.

Seitdem habe ich viel Moodle-Freude erlebt - neue KollegInnen, zum Beispiel, die Moodle in kürzester Zeit für sich entdecken. Studierende, die in einer Moodle-Lernaufgabe beeindruckende Beiträge abliefern. Oder alte KollegInnen, die plötzlich mit einer richtig guten Idee um die Ecke kommen und mich um einen Vorschlag für die technische Umsetzung bitten. **Besonders viel Freude bereitet mir die Arbeit mit Moodle, wenn ich die Technik beiseite schieben und mit kreativen Köpfen spannende E-Learning-Einheiten entwickeln kann.** Dabei sind in den vergangenen Jahren viele Beispiele entstanden, die deutlich machen, was mit Moodle möglich ist – wer hätte beispielsweise gedacht, dass sich ein Wiki in Moodle vorzüglich zur Entwicklung einer Stellenanzeige eignet?

Ich habe aber auch viel Moodle-Frust erlebt - **wenn eine Einrichtung mit Moodle arbeiten möchte, aber zur Einfüh-**

rung keinen Plan hat und sich nach zwei Jahren wundert, warum alle Beteiligten nur noch genervt sind, sobald der Begriff "Moodle" fällt. Auch die Moodle-Administration ist harte Arbeit: 20 bis 50 Support-Anfragen erhalte ich pro Tag, häufig sind es kleine Probleme, die aber einen Rattenschwanz an Zusatzarbeiten erfordern. Und gelegentlich komme auch ich bei meiner Serviceorientierung an meine Grenzen, wenn einzelne Studierende glauben, mit Moodle ein Rundumsorglos-Paket zu erhalten. Diese alltäglichen Erfahrungen machen deutlich, dass eine dauerhafte und fachkundige Begleitung einer Lernplattform unerlässlich ist.

Besonders spannend waren für mich in den vergangenen Jahren die Projekte, bei denen ich die Einführung einer Lernplattform begleiten durfte. Dabei konnte ich die Probleme frühzeitig beseitigen, die bei vielen etablierten Lernplattformen auch nach Jahren noch bestehen und im laufenden Betrieb schwer behoben werden können. Egal, ob bei einem Spezialunternehmen für Dentalbedarf, einen Klinikverbund oder einen Altenpflegedienstleister - ich durfte dabei sein, wie sich Akteure aus den unterschiedlichsten Ecken der Bildungslandschaft auf den Weg in digitale Lernwelten gemacht haben.

Bevor Dozierende ihr erstes Forum in einem Kursraum anlegen oder AdministratorInnen globale Gruppen in der Lernplattform anliegen, sind jedoch vor allem die Leitungspersonen vor Ort in den Bildungseinrichtung gefragt. Sie haben die Aufgabe, die Einführung der Lernplattform vorzube-

reiten und eine fundierte Strategie zu entwickeln. Sie müssen alle Beteiligten mitziehen und einen authentischen Eindruck von den Chancen und Hürden des E-Learning vermitteln. Sie müssen einen Überblick über die Funktionen von Moodle gewinnen. Und sie müssen kritisch prüfen, wofür Moodle in ihrer Bildungseinrichtung geeignet ist - und wofür nicht.

Dieses Handbuch begleitet Leitungspersonen an Bildungseinrichtungen sowie Einzelkämpfer bei der Einführung der Lernplattform Moodle. **Es ist stark praxisorientiert ausgerichtet und bietet neben Einblicken in gelungene Einführungsprozesse auch viele konkrete Tipps, die sich leicht umsetzen lassen. -** Moodle sollte zum selbstverständlichen Bestandteil des Lernalltags an der Bildungseinrichtung werden.

Wenn die Einführung einer Lernplattform sorgfältig vorbereitet wird, lässt sich mit recht überschaubaren Mitteln in überraschend kurzer Zeit ein erfolgreiches E-Learning-Szenario entwickeln und eine tragfähige E-Learning-Kultur etablieren.

Sebastian Wieschowski *ist Lehrkraft für besondere Aufgaben im Bereich „E-Learning" an der Fachhochschule der Diakonie in Bielefeld und freiberuflicher Berater unter dem Namen „wie-learning".*

Geleitwort

Es gibt viele gute Gründe eine Lernplattform wie Moodle in Bildungseinrichtungen zu nutzen.

Als Ausbildungseinrichtung müssen wir uns aktueller aufstellen und auf andere Generationen einstellen. Die Fragen „Welche Methoden wenden wir eigentlich an?“ und „Welche Instrumente nutzen wir?“ müssen bei der Generation Y oder Generation Z anders beantwortet werden - die jungen Menschen sind deutlich technikaffiner.

Mit einer Lernplattform wie Moodle können wir uns die digitale Kompetenz unserer Schüler*innen zu Nutze machen und ein stärker vernetztes Denken fördern. Zudem verspreche ich mir von der Nutzung, die Bildung einer gemeinsamen Identität.

Informationen können schneller und sicher verbreitet werden. Lernorte können sich verschieben. Lernen findet nicht mehr nur im Gebäude "Schule" statt, sondern kann an allen möglichen Orten stattfinden, allein oder auch in Gruppen.

Die Einführung einer Lernplattform wie Moodle mag für alle Beteiligten erst einmal eine Hürde sein - es ist etwas Neues und Gewohntes muss möglicherweise aufgegeben werden. Diese Herausforderung besteht jedoch auch außerhalb der Einführung von E-Learning in der modernen Bildungslandschaft. Nach meiner Überzeugung, wird nach den ersten Hürden, E-Learning eine gute Unterstützung und Erleichterung sein – schon allein, weil auch Lehrende durchaus auch andere räumliche Orte zur Erarbeitung ihrer E-Learning-Angebote nutzen können.

Vor der Einführung einer Lernplattform wie Moodle, muss die Leitung von der Implementation zutiefst überzeugt sein. Für die Beteiligten muss zweifelsfrei klar sein: „Das ist der Weg und den wollen wir gehen.“ Eine der wichtigsten Hürden und Herausforderungen besteht aus meiner Sicht darin, E-Learning zur Normalität zu machen. Je komplexer wir das Thema „E-Learning“ behandeln, desto schwieriger ist die Einführung. Dazu sind gute Schulungen notwendig – und unkomplizierte Entwicklungsschritte.

Es gibt durchaus viele Vorbehalte, denen begegnet werden muss. Die Bedenken "Wollen sie jetzt Lehrende einsparen?" oder „Soll jetzt der Computer oder die Lernplattform den kompletten Face-to-Face-Unterricht ablösen?“ waren allgegenwärtig. Diese Vorbehalte müssen gehört und ernst genommen werden. Wichtig ist hier, verantwortliche Mitstreiter zu finden, Mitarbeitende, die dafür brennen und sagen: "Das ist mein Ding, ich zeichne mich für die Implementierung und Weiterentwicklung verantwortlich.“ Zudem habe ich gelernt, dass sich die Verantwortlichen aus den unterschiedlichen Einrichtungen immer wieder aufs Neue austauschen müssen. Wir haben Moodle an mehreren Ausbildungsstätten, sowie in der Fort- und Weiterbildung parallel eingeführt. Dabei hat es sehr geholfen, dass die Menschen der verschiedenen Einrichtungen, die Moodle zu ihrem Thema gemacht haben, sich vernetzt haben, damit sie voneinander profitieren und den gleichen Weg gehen können.

Nach meiner Erfahrung sollte bei der Einführung nicht von Beginn an groß gedacht, sondern in kleinen Schritten vorangegangen werden. Einfach in der Praxis ausprobieren- lieber nicht auf Anhieb etwas Perfektes wollen, sondern eher überschaubare und konkrete Einsatzszenarien nutzen, ausprobieren, evaluieren, mit Auszubildenden sprechen und das Kollegium eng einbinden. Zudem ist es wichtig, E-Learning als Thema präsent zu halten.

Es sind nicht unbedingt klare Zielvorstellungen nötig, in welche Richtung sich E-Learning im schulischen Bereich perspektivisch entwickeln wird. Es wird sich vielmehr aus sich heraus entwickeln - bei einer guten Nutzung und einer guten Integration werden sich daraus vielfältige neue Szenarien ergeben. Ich bin auch davon überzeugt, dass die Schüler*innen selbst uns noch Beiträge dazu liefern können. E-Learning ist nicht ausschließlich ein Produkt, welches von den Ausbildungstätten, also von dem Kollegium kommt, sondern es wächst auch mit der Unterstützung der Nutzer*innen. Zudem gehe ich davon aus, dass der Nutzen von Moodle nicht nur in der Ausbildung oder den Weiterbildungen bleibt, sondern dass es auch Einzug in die Praxis findet - zur Unterstützung des „Lebenslangen Lernens“: E-Learning könnte somit für eine stärkere Vernetzung zwischen Theorie und Praxis sorgen.

Moodle verstehe ich als Unterstützung und Erleichterung für die Lehrkräfte, es ist in erster Linie ein Puzzlestück im Ganzen – bei der Überlegung nach der besten didaktischen Methode, nimmt E-Learning eine gleichberechtigte Stellung ein. E-Learning ist nicht mehr, aber auch nicht weniger wert als die klassischen Lehrmethoden. Es bietet einfach eine zusätzliche Möglichkeit, das Lernen für die Schüler*innen zu erleichtern – und es ist eine Methode, welche die besondere digitale Kompetenz der Schüler*innen anspricht.

Die Schüler*innen haben die Einführung von Moodle gut aufgenommen – nicht nur, weil damit auch ein kostenloser W-LAN Zugang eingeführt wurde. Bei den Schüler*innen bestehen keine Berührungsängste. Häufig erleben sie die Nutzung auch als Fortführung dessen, was sie aus den allgemeinbildenden Schulen kennen, die inzwischen auch verstärkt mit Moodle arbeiten – E-Learning im Allgemeinen und eine Lernplattform wie Moodle im Speziellen gehört inzwischen zur Ausstattung einer modernen Bildungseinrichtung. Gerade, wenn verschiedene Bildungseinrichtungen gemeinsame Angebote entwickeln und die Durchlässigkeit zwischen den Bildungssystemen ermöglichen, kann E-

Learning ein hilfreiches Bindeglied und ein gemeinsamer Standard sein.

Petra Krause *ist Leiterin der Gesundheitsschulen im Ev. Klinikum Bethel (EvKB) in Bielefeld. Die Diplom-Pflegewirtin hat kurz nach der Übernahme der Gesamtleitung im Jahr 2015 damit begonnen, E-Learning mithilfe der Plattform „Moodle" in den Gesundheitsschulen zu etablieren.*

Einführung: Schöne neue E-Learn-Welten?

MOOCs, Gamification, Mobiles Lernen: Internetgestützte Lernformate sind in aller Munde - und **der Megatrend "E-Learning" ist inzwischen gar nicht mehr so neu. Tatsächlich hat dieses Phänomen seinen 18. Geburtstag längst hinter sich – und wirkt bis heute nicht wirklich erwachsen.**

Bildungseinrichtungen sind seit Jahren auf der Suche nach der optimalen Mischung aus virtuellen Lerneinheiten und dem klassischen Präsenzunterricht. Ausbildungsstätten, egal ob in der schulischen Ausbildung, der innerbetrieblichen Fortbildung oder externen Weiterbildung müssen mitziehen, schon allein um den begehrten Anschluss an akademische Bildungsangebote zu halten und zu sichern – und selbst in den Lernplattformen der Hochschulen ist längst nicht alles Gold, was glänzt.

Von der Theorie zur Praxis

Zur Einführung werden an dieser Stelle die zentralen Erkenntnisse einer Bestandsaufnahme zum Einsatz von E-Learning an staatlich anerkannten Ausbildungsstätten für Fachberufe des Sozial- und Gesundheitswesens in Nordrhein-Westfalen vorgestellt. Zwar handelt es sich dabei um ein recht spezielles Feld innerhalb der Bildungslandschaft, der Entwicklungsstand der „Pflegeschulen“ ist aber vergleichbar mit der Situation vieler Einrichtungen, die sich auf den Weg in die digitale Lern-Zukunft machen wollen oder bereits erste Schritte absolviert haben.

Die Untersuchung geht zurück auf das Forschungsprojekt "Berufsintegrierte Studiengänge zur Weiterqualifizierung im Sozial- und Gesundheitswesen" an der Fachhochschule der Diakonie in Bielefeld. Zwischen Oktober und Dezember 2016 wurden die Schulen mithilfe eines Online-Fragebogens befragt. Es haben 118 staatlich anerkannte Ausbildungsstätten für Fachberufe des Sozial- und Gesundheitswesens in Nordrhein-Westfalen teilgenommen.

E-Learning ist, wie die Ergebnisse der Studie deutlich machen, tatsächlich kein neuer Trend mehr: Knapp die Hälfte der befragten Schulen setzte 2011 – sprich vor fünf Jahren – schon E-Learning ein.

> *Über den Zeitraum der letzten zehn Jahre war generell eine steigende Tendenz zur Nutzung von E-Learning in der Aus- und Weiterbildung zu beobachten, diese Tendenz scheint weiterhin zu bestehen.*

Der Druck auf Bildungseinrichtungen, die bisher noch nicht beim „E-Learning“-Trend dabei waren, nimmt also weiter zu. Die befragten Instutitionen haben den "E-Learning"-Trend keinesfalls verschlafen, E-Learning-Elemente halten Einzug in die schulische Ausbildung. Zwar ist davon auszugehen, dass an der Online-Befragung vor allem solche Schulen teilgenommen haben, die ohnehin eine gesteigerte Affinität zu "neuen Medien" und E-Learning aufweisen. Allerdings trägt der hohe Anteil der Schulen, die noch keine Erfahrungen mit E-Learning gemacht haben, zu einem ausgewogenen Bild bei.

Beim Entwicklungsstand von E-Learning an den Schulen ist auffällig, dass sich diese in einem ähnlichen Entwicklungsstadium wie viele Hochschulen befinden:

> *Es gibt einzelne Schulen, die in Bezug auf E-Learning weit entwickelt sind, eine eigene Abteilung für E-Learning haben und die gesamte Palette der modernen E-Learning-Werkzeuge einsetzen.*

Hierbei handelt es sich aber um absolute Ausnahmen – und es ist klar, dass wohl kaum eine Bildungseinrichtung derartige Rahmenbedingungen dauerhaft bereitstellen kann.

> *Weitaus verbreiteter ist der folgende Schul-Typus: Etwa ein Drittel der befragten Schulen ist im Hinblick auf E-Learning als "fortgeschritten" einzustufen –sie setzen Lernplattformen oder ausgewählte andere Werkzeuge ein, können auf einzelne Kollegen als Spezialisten zurückgreifen und zeigen Interesse an einem Ausbau von E-Learning.*

Für sie steht weiterhin die Bildung im Rahmen von Seminaren und Unterrichtsstunden im Vordergrund, doch E-Learning wird für sie verstärkt zu einer wertvollen Ergänzung und Erweiterung der etablierten und erfolgreichen Bildungsangebote.

Die übrigen Schulen haben E-Learning durchaus im Blick und sind mit einer grundlegenden Infrastruktur zur Einbindung neuer Medien ausgestattet, stehen E-Learning aber skeptisch gegenüber. In den Freitextantworten wird immer wieder deutlich, dass aus Sicht vieler Lehrkräfte eine Grenze zwischen dem klassischen Präsenzunterricht und E-Learning besteht.

> *Häufig wird eingeworfen, dass E-Learning für die Ausbildungsinhalte nicht geeignet sei und der Präsenzunterricht nicht abgeschafft werden sollte.*

Der Stellenwert von E-Learning wird von den befragten Schulen im Mittel zwischen "wichtig" und "weniger" wichtig eingeschätzt – eine zögerliche Einschätzung, die bisweilen gleichgültig wirkt.

Eine mögliche Begründung für diese apathische Haltung gegenüber E-Learning liegt womöglich in der schier unübersichtlichen Produktlandschaft begründet, welche für Bildungseinrichtungen bereit steht.

> *Allein die Palette an Autorenwerkzeugen lässt erahnen, dass es Monate dauern kann, bevor ein passendes Tool in einer Einrichtung zum Einsatz kommt.*

Lernsoftware auf externen Datenträgern, Cloud-Speicherdienste, Videokonferenzlösungen - die Reihe ließe sich beliebig fortführen. Doch die meisten Schulen machen um solche E-Learning-Tools einen Bogen und konzentrieren sich auf die Einrichtung einer Lernplattform, hierbei handelt es sich um die mit Abstand am weitesten verbreitete Gattung von E-Learning-Tools.

Im weiteren Verlauf der Befragung wurde deutlich, **warum eine Lernplattform in vielen Bildungseinrichtungen so beliebt ist - sie vereint offenbar die wichtigsten Einsatzszenarien für E-Learning:** Am Häufigsten wird eine Lernplattform zur Bereitstellung von Arbeitsmaterial (z.B. Powerpoint-Folien, PDF-Dateien) verwendet, ferner als Campus (Austauschbereich für organisatorische Informationen und Unterlagen). Die Lernplattform wird zudem wegen ihrer mitgelieferten interaktiven Lernaktivitäten (z.B. Forum, Wiki, Chat) genutzt oder für lehrgangsbezogene Mitteilungen (z.B. Versand von privaten Nachrichten zwischen NutzerInnen über ein internes Nachrichtensystem). Vereinzelt werden auch Detailfunktionen wie ein Schwarzes Brett (für Nachrichten der SchülerInnen), Kalender (z.B. für Termine einer Schulklasse) oder Bewertungen (z.B. für Testergebnisse oder Hausaufgaben) genannt.

Die befragten Lehrkräfte sollten im weiteren Verlauf der Untersuchung ausgewählte Thesen zu möglichen Chancen beim Einsatz und Ausbau von E-Learning-Angeboten bewerten. Hierbei wurde vor allem der **Marketing-Aspekt** hervor gehoben.

> *E-Learning wird von vielen Lehrenden als Mittel zur Image-Pflege verstanden. Zudem erhoffen sich viele Lehrende eine stärkere Öffnung der Bildungseinrichtung und verstehen E-Learning als Reaktion auf geänderte Lebensgewohnheiten.*

Die Schülerinnen und Schüler sind vertraut mit dem Internet und recherchieren oft auf einschlägigen Seiten. Somit kann sich die Schule dieses Potential zunutze machen. Zudem soll E-Learning das eigenständige Lernen verstärken, die Organisation und das Zeitmanagement der Schüler schärfen und ihnen die Möglichkeit geben, Inhalte in ihrem Tempo auf ihre Art zu erarbeiten und zu erschließen. Außerdem wird E-Learning als Möglichkeit gesehen, schüchterne SchülerInnen sowie Lehrgangsteilnehmerinnen mit Fehlstunden besser in den Unterricht zu integrieren.

Es ist allerdings keine grenzenlose „E-Euphorie“ zu beobachten: Manche positiv konnotierte Thesen werden jedoch von den Lehrenden mehrheitlich abgelehnt, beispielsweise zu möglichen Kosteneinsparungen durch E-Learning oder die Kompensation von Unterrichtsausfall durch vermehrten Einsatz von E-Learning-Aufgaben.

> *Die überwältigende Mehrheit der befragten Dozierenden versteht E-Learning offenbar als Ergänzung für einzelne Veranstaltungen oder lediglich für vereinzelte Seminarteile und spricht sich dafür aus, die Wissensvermittlung weiterhin schwerpunktmäßig in der Präsenzlehre abzuhalten.*

Mögliche Probleme beim Einsatz von E-Learning werden in sozialen Aspekten wie der Isolation von SchülerInnen sowie der Verstärkung sozialer Ungleichheit gesehen. Viele Inhalte der

Ausbildung können nicht im Frontal-Unterricht vermittelt werden, sondern müssen in Form von praktischer Erprobung geübt werden (z.B. der Einsatz von Untersuchungs- oder Therapieverfahren am Patienten).

Die SchülerInnen, so machen viele Dozierende deutlich, benötigen hierbei die direkte und auch greifbare Rückmeldung der Lehrperson. Außerdem machen viele Lehrende deutlich, dass in den Schulen die nötige E-Learning-Kompetenz fehlt – allerdings nicht nur auf Seiten der DozentInnen: „Leider sind viele Entscheidungsträger, die die wirtschaftlichen Ressourcen verwalten, mit den Möglichkeiten der Technik nicht vertraut. Es gibt zu viele Bedenken und Widerstände“, heißt es in einer besonders prägnanten Rückmeldung.

Egal, ob an Schulen, Hochschulen oder in der innerbetrieblichen Weiterbildung - E-Learning ist als Megatrend in der Bildungslandschaft längst angekommen. Doch nicht immer ist E-Learning sinnvoll und gerade Hochschulen neigen dazu, jeden E-Trend mit Vollgas mitzumachen – es lohnt beispielsweise ein Blick auf die Aktivitäten vieler Hochschulen während des "Second Life"-Booms, für den sich nur wenige Jahre später niemand mehr interessiert. Und der Hochschul-Blick lässt sich keinesfalls ohne Anpassungen auf den Schul-Alltag oder die innerbetriebliche Fort- und Weiterbildung übertragen. Was an der Hochschule als selbstverständlich gilt, ist möglicherweise in einem betrieblichen Setting nur schwer abzubilden. Und auch die Hochschule kann von Aus- und Weiterbildung lernen.

Dieses Handbuch richtet sich somit nicht im Speziellen an die Angehörigen einer bestimmten Gattung von Bildungseinrichtungen. Denn es spielt schlussendlich keine Rolle, in welcher Art von Bildungseinrichtung eine E-Learning-Kultur etabliert werden soll, überall sind systemische und organisatorische Phänomene sowie typische Chancen und Hürden zu beobachten, die sich verallgemeinern lassen.

Die beschriebene Untersuchung ist daher nichts weiter als eine (methodisch aufwändige und leidenschaftlich gestaltete) Momentaufnahme, sie bietet aber auch mit einigem zeitlichen Abstand eine nützliche Orientierung, um die typischen Ausgangssituationen und Rahmenbedingungen von Bildungseinrichtungen in einer digitalisierten Bildungslandschaft zu illustrieren.

Sie macht deutlich, dass die eigentliche Herausforderung beim E-Learning nicht in der Handhabung eines bestimmten Tools besteht und schon gar nicht in der Beherrschung einer Programmiersprache, oder besonderer Softwarekenntnisse, sondern in der systematischen Vorbereitung, Einführung und Pflege des jeweiligen Werkzeugs – und hier gehen viele Bildungseinrichtungen allzu sorglos vor und überlassen ihrem E-Learning-Erfolg dem Zufall.

> *Tatsächlich ist dieser Erfolg aber planbar – unter Anwendung bewährter methodisch-didaktischer Prinzipien, welchen auch schon in der „guten alten" Zeit vor dem Aufkommen von Lernplattformen und virtuellen Klassenzimmern gegolten haben.*

Dass sich Bildungseinrichtungen verstärkt dem digitalen Trend widmen müssen, daran sollte allerdings inzwischen kein Zweifel mehr bestehen. Viele Tools, die heute in Mode sind, werden wieder von der Bildfläche verschwinden -

Doch es wird einzelne E-Learning-Werkzeuge geben, deren grundlegende Form sich dauerhaft etablieren wird – und das Prinzip „Lernplattform" zählt unter den E-Learning-Innovationen bereits zu den Klassikern.

> *Lernplattformen wie Moodle haben in den vergangenen Jahren viele Innovationen mitgemacht und sind mit dem Zeitgeist gegangen.*

Design, Struktur und Funktionalitäten sind einem ständigen Wandel unterworfen – doch die Idee, alle relevanten Aspekte der „digitalen Lehre" unter einem Dach zu vereinen, ist insbesondere im Zeitalter der „Apps" und Zersplitterung von Software-Architekturen bestechend. So ist die Wahrscheinlichkeit als groß anzusehen, dass der Lernplattform-Trend nachhaltig sein wird.

TEIL I

Technischer Hintergrund

1

Überblick

Egal, wo gerade eine neue Lernplattform eingeführt wird, fast immer fällt bei den Vorbereitungen ein Begriff: "Moodle". Die Abkürzung für "Modular Object-Oriented Dynamic Learning Environment" ist zum Inbegriff der internetbasierten Lernplattform geworden und wird häufig auch als direktes Synonym für "Lernplattform" verwendet. Die Erfinder sprechen dennoch weiterhin von einer "learning platform" oder alternativ "course management system". Geläufig ist in Zusammenhang mit Moodle auch die Abkürzung "LMS", welche für "learning management system" beziehungsweise "Lernmanagementsystem" steht.

Als wichtige Nutzergruppen benennen die Moodle-Entwickler vor allem Lehrende, AdministratorInnen und Lernende. Moodle liefert ihnen ein "robustes, sicheres und ingegriertes" System zur Erstellung von personalisierten Lernumgebungen.

Die Moodle-Software wurde erstmals im Jahr 2001 von dem australischen Pädagogen Martin Dougiamas veröffentlicht, damals noch als Ein-Mann-Projekt. Ein Jahr später wurde die "Moodle Pty Ltd" gegründet, um die Nutzercommunity zu unterstützen. Seit 2004 besteht das sogenannte "Moodle Partner program" - der Hintergedanke: Unternehmen rund um die Welt erhalten das exklusive Recht, Dienstleistungen rund um Moodle anzubieten, und führen einen Anteil ihrer Umsätze an das Moodle-Projekt ab, um dieses weiterzuentwickeln.

> *Inzwischen zählt Moodle zu den weltweit am weitesten verbreiteten Lernplattformen. Im November 2016 wurde es nach Angaben der Betreiber in 233 Ländern eingesetzt, es gibt über 10 Millionen-Moodle-Kurse und etwa 100 Millionen Nutzer weltweit - und diese Zahlen umfassen nur die Moodle-Installationen, welche offiziell registriert sind.*

In Deutschland sind nach offiziellen Zahlen mehr als 2.500 Moodle-Installationen aktiv. 80 Moodle-Partner kümmern sich rund um die Welt um die Weiterentwicklung von Moodle, etwa 200 Entwickler sind in der Moodle-Community aktiv - diese breite Verbreitung soll das langfristige Bestehen und die Weiterentwicklung absichern und ist auch für Bildungseinrichtungen in Deutschland ein wichtiges Argument.

Ein Blick auf die Nutzergemeinde von Moodle macht die vielfältigen Einsatzmöglichkeiten der Lernplattform deutlich: **Das Rückgrat der Moodle-Community bilden vor allem kleine**

Bildungseinrichtungen, darunter allgemeinbildende und weiterführende Schulen, Universitäten und Weiterbildungseinrichtungen. Auch große Weltkonzerne wie Cisco, Shell oder Microsoft setzen auf Moodle als Plattform für die innerbetriebliche Wissensvermittlung.

Die passgenauen Adaptionsmöglichkeiten von sind in einer Zeit, in der die Bildungssysteme immer stärker zusammenrücken und beispielsweise Ausbildungsstätten im Sozial- und Gesundheitswesen verstärkt mit Hochschulen zusammenarbeiten, ein wichtiges Argument für die Einführung von Moodle als zentralem Lern-Mananegement-System.

Lizenzmodell

Für viele Einrichtungen spielt ein zentrales Argument eine Rolle: **Moodle wird kostenlos als Open Source Software auf Basis einer "GNU General Public License".**

Somit gestatten es die Erfinder von Moodle, die Plattform für jeden Zweck einzusetzen, sie den eigenen Bedürfnissen anzupassen, die Software mit Freunden und Mitmenschen auszutauschen und auch selbstentwickelte Änderungen mit anderen auszutauschen.

Davon macht die Moodle-Community auch rege Gebrauch: Es gibt Plugins für unzählige Einsatzzwecke, selbstgestaltete Designs ("Themes") und Erweiterungen für die Einbindung von externen Lerninhalten.

Systemvoraussetzungen

Moodle kann auf jedem Webserver installiert werden, welcher die serverseitig interpretierte Skriptsprache "PHP" interpretieren kann. Außerdem ist eine SQL-Datenbank nötig. Für die eigentliche Software sind etwa 150 Megabyte Serverspeicher nötig, dazu kommt der Speicherplatz für die Kursmaterialien.

Hier ist zu Beginn eines Moodle-Projekts eine Größenordnung vom 1 bis 5 Gigabytes eine sinnvolle Größenordnung. Zum Vergleich: Eine Hochschule mit etwa 1000 Studierenden und 300 Moodle-Kursen benötigt etwa 30 Gigabytes an Serverspeicher.

Wichtig ist zudem ein großzügig bemessener Arbeitsspeicher: Die Moodle-Entwickler empfehlen mindestens 256 Megabytes, möglichst sogar 1 Gigabyte oder mehr. Als Faustregel gilt: 10 bis 20 gleichzeitige Zugriffe auf die Datenbank pro 1 GB RAM werden unterstützt, darüber leidet die Performance von Moodle.

Bei der Einschätzung des Arbeitsspeicher-Bedarfs sollte aber bedacht werden, dass Moodle auf asynchrones E-Learning ausgerichtet ist und nur selten viele Lernende gleichzeitig angemeldet sind.

2

Allgemeine Struktur

Vor der Anmeldung können die Nutzer lediglich eine Anmeldemaske auf der Moodle-Startseite sehen, zudem können allgemeine Informationen rund um die Bildungseinrichtung auch für nicht angemeldete NutzerInnen sichtbar gemacht werden.

Nach der Anmeldung landen die NutzerInnen auf einer Plattform-internen Startseite. Hier werden alle Kurse angezeigt, welche für sie durch die Administration freigeschaltet wurden.

Die Moodle-Plattform besteht aus vielen Kursen beziehungsweise Kursräumen. Damit sind eigenständige Bereiche innerhalb der Plattform, welche Lehrende mit Inhalt füllen und bestimmten TeilnehmerInnen-Gruppen zur Verfügung stellen können.

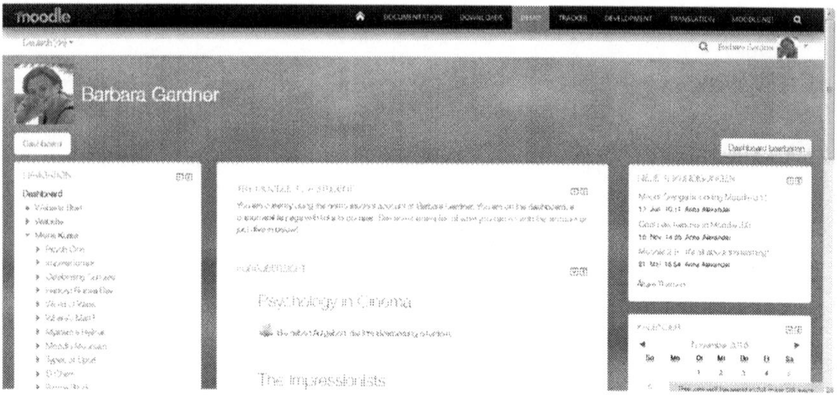

Moodle-Startseite nach Login aus Sicht einer Studentin mit Kursübersicht (Mitte).

Jeder Kursraum besteht aus sogenannten Kursblöcken, also Unterbereichen, in denen das Kursmaterial nach Themen oder dem zeitlichen Ablauf sortiert werden können. Die Kursblöcke helfen dabei, umfangreiche Lernmaterialien zu strukturieren und eine didaktisch sinnvolle Abfolge zu entwickeln.

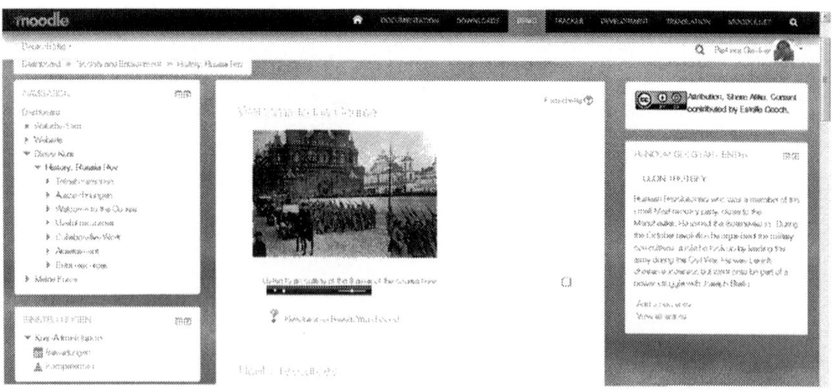

Ansicht eines Kursraumes mit den Kursblöcken "Welcome to the Course" sowie "Useful resources" in der Bildschirm-Mitte sowie Seiten-Blöcken links und rechts.

Links und rechts neben den Kursblöcken befinden sich noch die Seiten-Blöcke, also ausgelagerte Funktionen oder Zusatzinformationen. Auch diese Seiten-Blöcke können durch die Kursleitung beliebig angepasst werden, sie sind Bestandteil des Kursdesigns.

Kurse werden innerhalb der Moodle-Administration in Kategorien ("Kursbereiche") zusammengefasst, sodass beispielsweise die einzelnen Module eines Studiengangs in einem Kursbereich mit dem Namen dieses Studiengangs gesammelt werden:

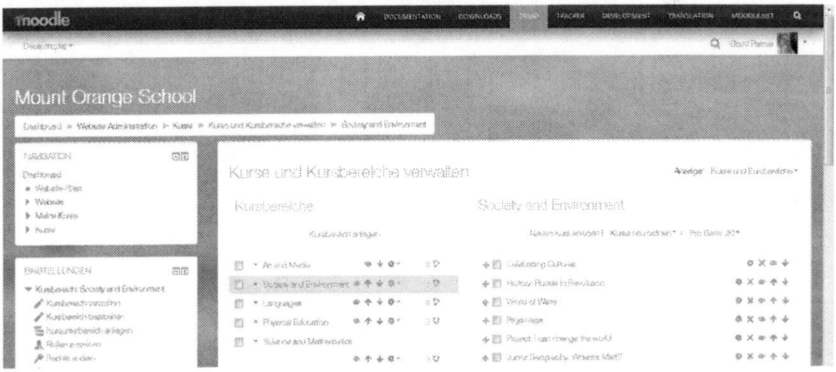

Admin-Bereich für Kurse und Kursbereiche.

3

Grundlegende Funktionen

Jede Moodle-Installation wird mit einigen grundlegenden Funktionen ausgeliefert, welche im Folgenden vorgestellt werden.

Benutzeroberfläche

Bildungseinrichtungen müssen nicht selbst Hand anlegen und Software-Entwickler beauftragen, wenn sie eine Lernplattform nutzen wollen – Moodle liefert eine leicht zu bedienende Benutzeroberfläche mit intuitiver Navigation und die wichtigsten Funktionen für den erfolgreichen Einsatz einer Lernplattform „serienmäßig“ mit. In der Basis-Installation sind alle nötigen Funktionen bereits enthalten, um direkt mit dem Einsatz der Lernplattform zu starten und diese – wenn nötig – an die individuellen Bedürfnisse der Einrichtung anzupassen.

Seitengestaltung

Zur unkomplizierten Anpassung der Oberfläche an die individuellen Anforderungen der Bildungseinrichtung stehen vorgefertigte Gestaltungsvorlagen („Themes“) zur Verfügung, welche sich ohne Programmierkenntnisse bequem anpassen lassen – Firmenlogo und die Farben der „Corporate Identity“ inklusive.

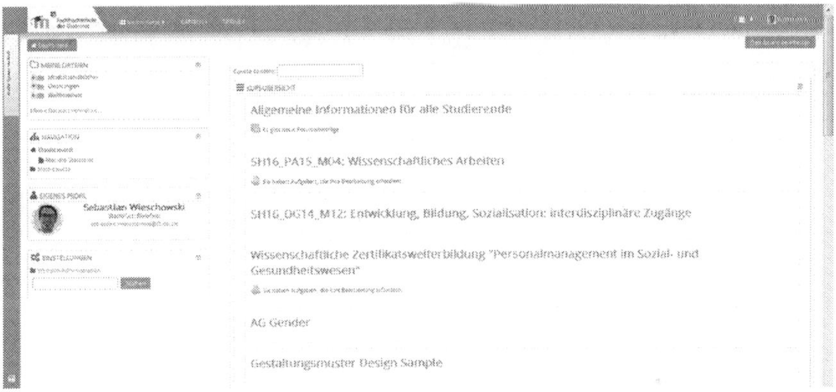

Grafisch angepasstes Moodle-Design auf Grundlage des Themes "Essential".

Dashboard

Zentraler Anlaufpunkt der Lernplattform ist eine übersichtliche Startseite („Dashboard“ genannt), auf der die wichtigsten Aufgaben und Forenbeiträge angezeigt werden – so muss kein Moodle-Nutzer den Überblick über alle aktuellen Entwicklungen verlieren. Auf der Seite befinden sich auch zusätzliche Blöcke, beispielsweise ein Kalender. Die Kursliste auf dem „Dashboard“ kann jeder Nutzer nach seinen Vorlieben anpassen und die Anzahl der angezeigten Kurse sowie die Reihenfolge verändern. Zudem können die Blöcke beliebig verschoben oder ausgeblendet werden.

4

Administrative Funktionen

Herzstück von Moodle ist das Arsenal an administrativen Funktionen, welche standardmäßig mitgeliefert werden und dabei helfen, die Plattform an die individuellen Anforderungen der Bildungseinrichtung anzupassen. Es werden an dieser Stelle die wichtigsten Funktionen der Administration erläutert.

Rollen und Rechte

In Moodle erhalten die NutzerInnen jeweils kursraumbezogen eine Rolle, welche mit festgelegten Rechten ausgestattet ist. So besteht die Möglichkeit, einzelne NutzerInnen in mehreren Kursräumen mit unterschiedlichen Rechten auszustatten – sie können in einem Kursraum als Dozent aktiv sein, in einem anderen aber nur einen Gastzugang erhalten.

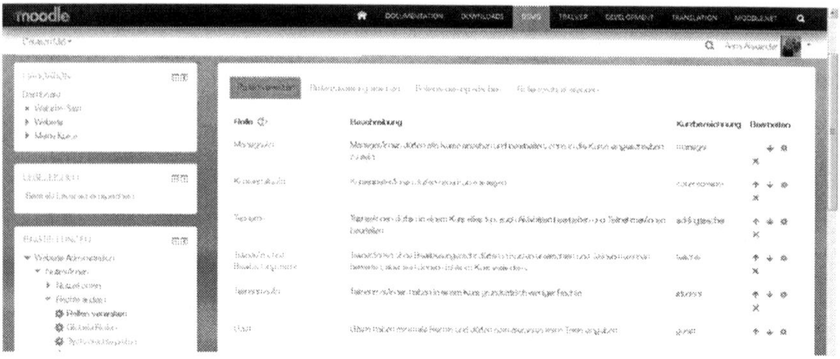

Übersicht über die wichtigsten Rollen mit Kurzbeschreibungen.

Kursverwaltung

Innerhalb von Moodle können Administrator-Innen mit nur wenigen Klicks große Mengen an Kursräumen anlegen, sichern und bei Bedarf wiederherstellen. Bereits angelegte Kurse können kopiert und in einer späteren Bildungsveranstaltung mit neuen TeilnehmerInnen wiederverwendet werden. Die Arbeit, welche die Lehrenden in den Aufbau eines Kursraumes investieren, zahlt sich also in den Folgejahren dauerhaft aus.

Gruppenverwaltung

Innerhalb der Nutzerverwaltung können einzelne NutzerInnen zu Gruppen zusammengefasst und gruppenweise in Kursräume eingetragen werden. Moodle hilft dabei, den Überblick über Gruppierungen zu bewahren.

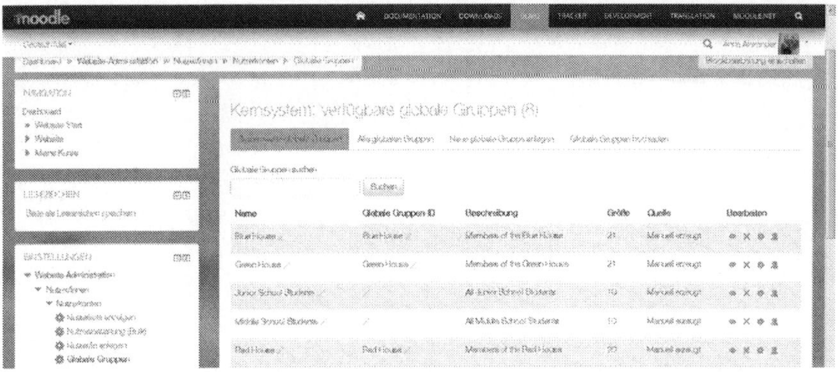

Übersicht über globale Gruppen.

Privatsphäre

Die Kursräume sind nur für einen voreingestellten Teilnehmendenkreis sichtbar. Die Moodle-Plattform ist passwortgeschützt – die Lernenden können also sicher sein, dass sie in einem geschützten Rahmen tätig werden.

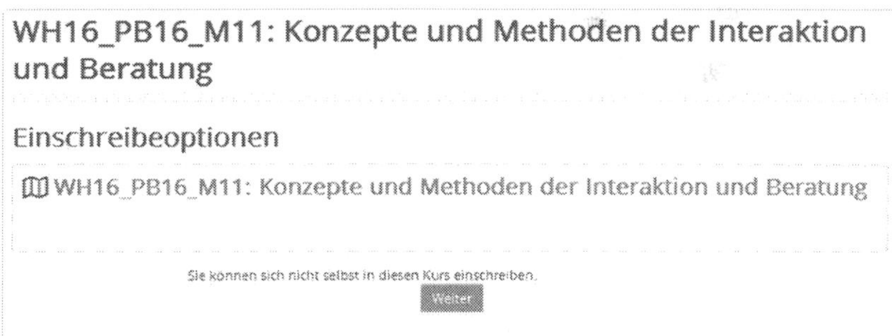

Fehlermeldung nach erfolgloser Einschreibung in einen gesperrten Kursraum.

Interoperabilität

In Moodle lassen sich ohne besonderen Aufwand bequem externe Anwendungen und Inhalte einbinden sowie eigene Plugins für individuelle Zwecke entwickeln. Ferner kann eine Moodle-Plattform mit einer anderen Moodle-Installation verknüpft werden.

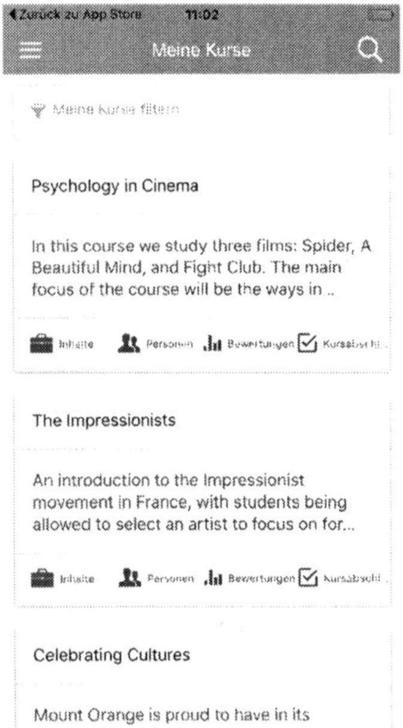

Kursübersicht in der Moodle-App.

Mobilversion

Moodle ist standardmäßig für mobile Endgeräte optimiert, die meisten Moodle-Designs passen sich automatisch der Auflösung der unterschiedlichen Geräte und Betriebssysteme an. Es gibt zudem eine kostenlose App für die gängigen Betriebssysteme. Mit dieser App ist jede Moodle-Installation auf dem Smartphone abrufbar.

Sicherheit

Die Moodle-Entwickler veröffentlichen regelmäßige Sicherheitsupdates, um sicherzustellen, dass Hacker-Angriffe nicht durch alte Sicherheitslücken ermöglicht werden.

Anmeldung

Moodle liefert standardmäßig über 50 Authentifizierungs- und Registrierungsoptionen, mit denen das Hinzufügen und Anmelden von Benutzern erleichtert wird. Dadurch können diverse Authentifizierungswege, wie sie in einer Bildungseinrichtung üblich sind (z.B. Eintritt in einen Kurs nur nach Bezahlung einer Gebühr oder nach Einladung durch die Kursleitung) abgebildet werden.

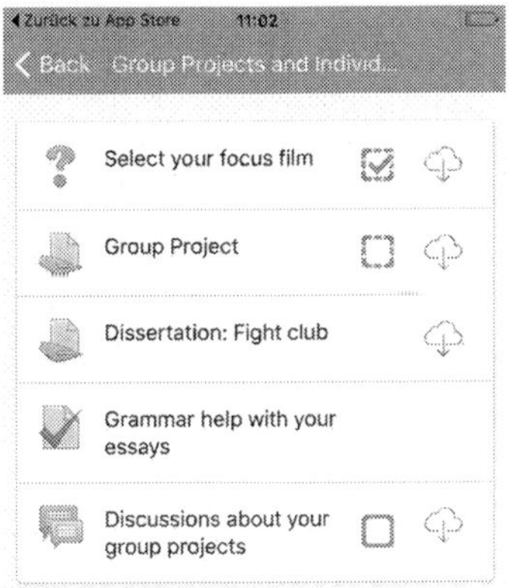

Kursabschnitt in der Moodle-App.

Sprache

Die Moodle-Community hat die Benutzeroberfläche inzwischen in alle gängigen Sprachen der Welt übersetzt und es kommen immer wieder neue Sprachpakete hinzu. AdministratorInnen können diese Sprachpakete an die Gepflogenheiten ihrer Bildungseinrichtung anpassen.

5

Didaktische Funktionen

Kommunikation

Egal, ob in einem Forum oder mithilfe einer privaten Nachricht – Moodle bietet zahlreiche Möglichkeiten des Austauches zwischen Lehrenden und Lernenden, miteinander in Kontakt zu kommen.

Die Moodle-Installation umfasst ein integriertes Mitteilungssystem, welches durchaus den Mailverkehr innerhalb einer Bildungseinrichtung vollständig ersetzen kann und den Angehörigen der Bildungseinrichtung die Möglichkeit gibt, an zentraler Stelle miteinander in Kontakt zu kommen.

Außerdem können Kursraum vielfältige interaktive Funktionen eingebaut werden, welche Kommunikation ermöglichen - beispielsweise ein Forum, in dem organisatorische Mitteilungen verschickt werden.

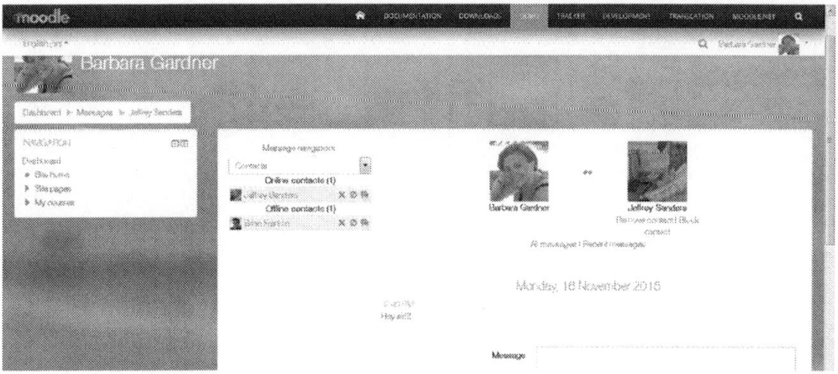

Private Direkt-Nachrichten zwischen zwei NutzerInnen.

Dateiverwaltung

Auf dem Moodle-Server werden alle wichtigen Dateien für den Kurs zentral in den „Eigenen Dateien“ der DozentInnen gesammelt und können unkompliziert in einzelne Kursräume eingebunden werden. Multimedia-Elemente werden durch integrierte Abspielsoftware direkt im Kursraum wiedergegeben. Außerdem können Lehrende auch externe Dateien aus Cloud-Speichern nach Moodle übertragen und externes Lernmaterial in den Moodle-Kursraum einbinden.

Interaktive Lernaktivitäten

Der ideale Kursraum in Moodle soll nicht nur aus PDF-Dateien und Powerpoint-Präsentationen bestehen. Die Lernenden können in Foren, Wikis, Glossaren und Datenbanken maßgeschneiderte Aufgaben bearbeiten und auf diesem Weg neues

Wissen generieren. Die Lernaktivitäten werden zentral im Kursraum neben den Lernmaterialien übersichtlich gesammelt. Lernaktivitäten und Lernmaterialien lassen sich so auch bequem aufeinander abstimmen.

Dateien und interaktive Lernaktivitäten in einem Moodle-Kursbereich.

Nachverfolgung

Sowohl Lehrende als auch Lernende haben die Ergebnisse von Tests und sonstigen Aktivitäten im Blick und können Fortschritte und Abschlüsse plattformweit oder auf der Kursebene verfolgen.

Lernpfade

Lehrende können in einem Kursraum in Moodle differenzierte Lernpfade erstellen und festlegen, welche Anforderungen die Lernenden erfüllen müssen, um innerhalb des Kurses einen Fortschritt zu erzielen – also beispielsweise eine bestimmte Punktzahl in einem Quiz, bevor der nächste Abschnitt angezeigt wird. Der Lernprozess erhält dadurch eine methodisch-didaktisch durchdachte Struktur, welche dennoch offen ist für individuelle Lernwege. Der Lernpfad wird von Moodle automatisch umgesetzt, sodass die DozentInnen nicht manuell einzelne Bereiche für die Lernenden je nach Lernfortschritt freischalten müssen.

Umsetzung eines Lernpfades in Moodle (unter den Kapiteln ist zu lesen, was die TeilnehmerInnen tun müssen, um diese Kapitel zu öffnen).

Quizfragen-Pool

Alle Lehrenden können ihre Fragen für Multiple-Choice-Tests an zentraler Stelle sammeln und so eine Fragen-Datenbank aufbauen, aus der sie und die anderen KollegInnen sich für die Gestaltung neuer Tests bedienen können. Die Fragen können dann beliebig in neue Test eingebaut werden.

Fremd- und Selbstbewertung

Einige interaktive Lernaktivitäten wie Workshops und Umfragen ermutigen die Lernenden, ihre eigenen Arbeitsergebnisse und die Ergebnisse anderer Gruppenmitglieder im Sinne eines „peer review“ einzusehen und zu bewerten.

Belohnungen

Die integrierten Abzeichen innerhalb von Moodle sollen die Lernenden belohnen und ihre Beteiligung deutlich machen, erreichte Auszeichnungen werden dauerhaft sichtbar im Nutzerprofil angezeigt. Sie lassen sich auch außerhalb der Moodle-Plattform in „Mozilla Open Badges“ anzeigen.

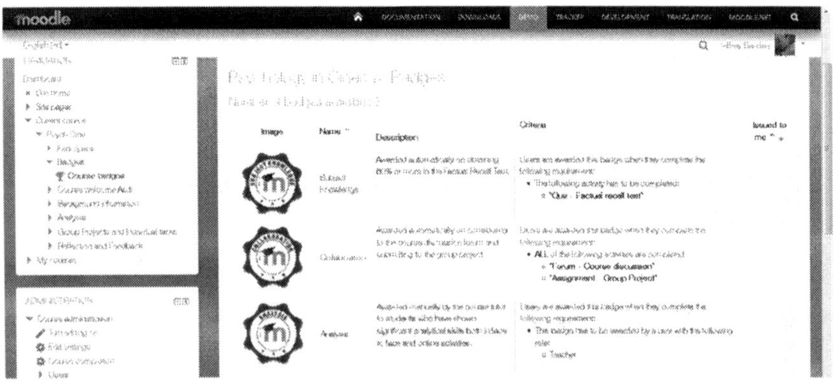

Auszeichnungen in einem Moodle-Kurs.

6

Weitere nützliche Funktionen

Moodle bietet eine Vielzahl an Detail-Funktionen, die jedoch meist erst im fortgeschritten Stadium der Nutzung relevant werden oder bei der täglichen Nutzung ständig verfügbar sind.

Barrierefreiheit

Die Moodle-Entwickler können bis heute keine hundertprozentige Barrierefreiheit garantieren, doch die Entwicklung einer barrierefreien Benutzeroberfläche ist weit fortgeschritten. So lässt sich Moodle mit den gängigen Assistenzsystemen für sehbeeinträchtigte NutzerInnen benutzen und ist auf die wichtigsten Standards (z.B. WCAG, ATAG, ARIA) ausgerichtet, die integrierten Screen-Reader von Mozilla Firefox und dem Microsoft Internet Explorer wurden erfolgreich mit Moodle getestet.

Text-Editor

Bei der Eingabe von neuen Kursbeschreibungen oder Forenbeiträgen wird ein Moodle-integrierter Text-Editor angezeigt, welcher an Textverarbeitungsprogramme erinnert. Darin können auch Medienelemente eingebaut werden.

Der integrierte Editor ermöglicht die Gestaltung der Texte in Moodle.

Kalender

Moodle enthält einen Kalender, welcher die Möglichkeit bietet, Termine zielgruppengenau (für alle NutzerInnen oder alternativ für einen Kurs oder auch nur Privattermine) darzustellen.

Benachrichtigungen

Je nach persönlicher Einstellung informiert Moodle die einzelnen NutzerInnen über neue Zuordnungen und Termine, Forenbeiträge und auch private Nachrichten mit separaten Mails..

TEIL II

Chancen und Hürden

7

Überblick

> *Wozu brauchen wir eine Lernplattform, wir finden alle nötigen Werkzeuge für unser E-Learning doch im Internet - so oder so ähnlich lautet das beliebteste Argument in der Frühphase der Einführung eines "Learning Management System".*

Und tatsächlich stellt sich vor dem Startschuss zur Einrichtung einer Lernplattform und Schulung aller Beteiligten die Frage, ob eine Lernplattform das passende Werkzeug ist.

Im Internet gibt es unzählige Tools, welche einzelne Funktionalitäten einer Lernplattform abbilden und bei den NutzerInnen längst im Einsatz sind. Videos bei "YouTube" hochladen, Abstimmungen über "Doodle" veranstalten, Texte gemeinsam in "Google Drive" bearbeiten - so sieht der Alltag vieler Menschen im "Web 2.0" aus.

Werden sie den Wechsel zu einer anderen Internetplattform mit zusätzlichen Zugangsdaten und vielen neuen zu erlernenden Funktionen mitmachen? Oder soll nicht besser alles so bleiben wie bisher?

Zugegeben, die Argumente der LMS-Skeptiker sind nicht von der Hand zu weisen und sollten ernsthaft bedacht werden.

> *Die Einführung einer Lernplattform ist eine strategische Entscheidung, welche gut vorbereitet werden muss und fundiert durchdacht sein sollte, damit nicht nur die Einrichtungsleitung von ihrem neuesten Spielzeug begeistert ist, sondern auch die Nutzer das Werkzeug im Alltag annehmen.*

Um die Entscheidung für oder gegen die Einführung einer Lernplattform zu unterstützen, werden im Folgenden die wichtigsten Thesen rund um Chancen und Hürden beim Einsatz von Lernplattformen vorgestellt. Diese sollten bei der Einführung der Lernplattform berücksichtigt und frühzeitig adressiert werden, damit die Einführung von Moodle nicht an typischen „Kinderkrankheiten“ in der Startphase scheitert.

8

Chancen

In der einschlägigen Fachliteratur werden zahlreiche Vorteile und Chancen von Moodle als zentraler Baustein des E-Learning genannt.

Zeitersparnis

Eine Lernplattform ist üblicherweise als Organisations- und Content-Management-Werkzeug konzipiert und kann damit zu einer wertvollen Zeitersparnis führen. Die Arbeit, die in die Entwicklung eines Kurses gesteckt wurde, zahlt sich in den Folgejahren aus, weil die Materialien erneut genutzt werden können. Lehrende verschwenden nicht mehr ihre Zeit mit Kopieren und der Suche nach Unterlagen, die Lernenden müssen nicht mehr verzweifeln bei der Suche nach Kursmaterial. Die Zeit, welche durch eine Lernplattform eingespart werden

Zeit- und Ortsunabhängigkeit

Lernmanagement-Systeme unterstützen asynchrone Lernarrangements. Lehrende können Material jederzeit anpassen, abrufen und teilen. Lernende können die Inhalte jederzeit und an jedem beliebigen Ort – beispielsweise auch am Arbeitsplatz oder unterwegs – abrufen und in ihrem individuellen Lerntempo bearbeiten. Eine Lernplattform als Bestandteil eines Blended-Learning-Konzepts unterstützt die Bemühungen der Einrichtungsleitung, die Work-Life-Balance (oder neuerdings besser: „Work-Life-Study-Balance") zu steigern.

Zentralisierung

Eine Lernplattform ist fast immer das Zentrum einer der E-Learning-Infrastruktur in einer Bildungseinrichtung. Sie sorgt für Übersichtlichkeit und Verlässlichkeit innerhalb der unübersichtlichen Landschaft der E-Learning-Tools.

Mediennutzung

Egal, ob man es gut oder schlecht findet - das Internet gehört für die Lernenden von heute zum Alltag. Sie stellen sich die benötigte Software (über Apps) und die gewünschten Medieninhalte (über Streaming-Dienste) individuell zusammen. Mit einer Lernplattform kann eine Bildungseinrichtung ein zielgruppengenaues

Angebot schaffen und die Lernenden dort abholen, wo sie sich im Alltag aufhalten - im Internet.

Sichtbarkeit

Durch den Einsatz eines bekannten Lernmanagement-Systems wie Moodle oder ILIAS erhalten Bildungseinrichtungen den Anschluss an die E-Learning-Community und können sich mit KollegInnen anderer Institutionen zielgenauer zu E-Learning austauschen. Für Eigenbau-Lösungen und den punktuellen Einsatz einzelner „Web 2.0“-Tools in der Lehre gibt es noch keine relevante Community zum Austausch von Erfahrungen und Good-Practice-Beispielen.

Seriosität

Das Lernmanagement-System wird meist an das Design der Bildungseinrichtung angepasst und von einem Mitarbeiter vor Ort betreut. So entsteht ein höherer Grad an Seriosität und Identifikation im Vergleich zu kostenlosen Einzeltools.

Mobilität

Die wichtigsten LMS-Betreiber haben längst Apps für die mobile Nutzung der Lernplattform entwickelt. Zwar sind diese (wie im Beispiel von Moodle) noch nicht umfänglich ausgereift und bilden nur einen Teil der Funktionalität von Moodle ab, doch die Lerninhalte lassen sich bequem von unterwegs abrufen – nicht zuletzt, weil viele Gestaltungsvorlagen in Moodle bereits ein „responsives“ Design aufweisen, also sich an das mobile Endgerät anpassen.

Datenschutz

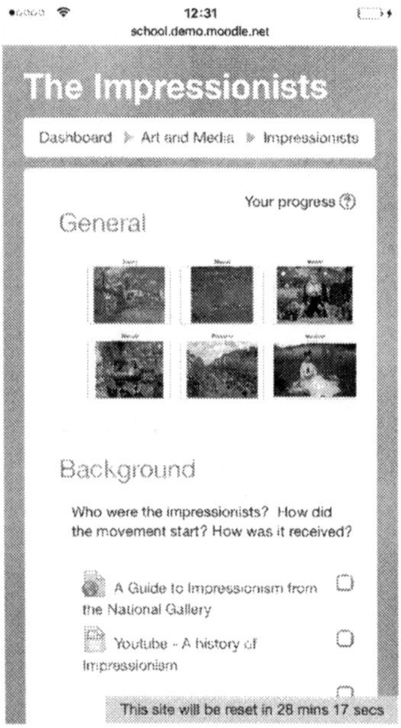

Angepasste Darstellung eines Moodle-Kursraumes auf einem Smartphone.

Wenn Bildungseinrichtungen beim Hosting ihrer Lernplattform auf spezialisierte Anbieter im europäischen Raum zurückgreifen oder das Learning Management System direkt auf dem hauseigenen Server installieren, behalten sie die Kontrolle über die Datensicherheit. Währenddessen sind beim unkontrollierten Einsatz diverser Einzeltools, von denen viele inzwischen nur noch cloud-basiert funktionieren, die Daten ständig in Gefahr. Persönliche Daten der Angehörigen einer Bildungseinrichtung könnten dann bei einem Hackerangriff oder einem Datenleck in falsche Hände geraten – und damit wäre das Vertrauen in die E-Learning-Angebote nachhaltig beschädigt.

Einheitliche Symbole für die verschiedenen Aktivitäten und Arbeitsmaterialien sorgen in Moodle für einen hohen Wieder-Erkennungswert.

Kosten

Der Einsatz einer Lernplattform muss nicht teuer sein. Zwar verlangen spezialisierte Hosting-Anbieter bereits für kleine Schulen mit 100 Nutzern einen stattlichen vierstelligen Betrag pro Jahr, es gibt aber preiswerte und völlig solide Alternativen. Das Hosting ist somit nicht der Kostentreiber – Geld sollte stattdessen in den Support investiert werden. Denn ohne eine/n feste/n Ansprechpartner/in geht der Einsatz einer Lernplattform schief. Meistens gibt es jedoch eine/n Kolleg/in, welcher gegen eine Stellenaufstockung oder Lehrdeputatsermäßigung bereit ist, der „Moodle-Man" beziehungsweise die „Moodle-Woman" zu werden.

Einheitlichkeit

In einem Lernmanagement-System sind üblicherweise alle Funktionen in einem einheitlichen Design gestaltet und aufgebaut, das Ensemble der Funktionen erscheint „wie aus einem Guss gemacht". Die NutzerInnen erlernen normalerweise durch die Nutzung einer bestimmten Funktion auch den Umgang mit weiteren Funktionen, weil sich die Bedienschritte nur geringfügig unterscheiden. Bei der Nutzung von einzelnen Tools müssen die Lehrenden stattdessen zusätzliche Erläuterungen geben und die Tools in praktischer und technischer Hinsicht prüfen. Der Lehrende kann stattdessen auf die im Lernmanagement-System integrierten Funktionen zurückgreifen.

Anschluss an akademische Bildung

In den meisten Bereichen der beruflichen Bildung sind Bildungseinrichtungen gefordert, den Anschluss ihrer Ausbildung an eine akademische Weiterqualifizierung sicherzustellen. E-Learning, also das digitale Lehren und Lernen, ist inzwischen ein fester Bestandteil der Hochschullehre. Ohne Lernplattformen wie „Moodle" oder Webmeeting-Lösungen wie „Adobe Connect" ist der (berufsbegleitende) Studentenalltag nicht mehr denkbar. Durch eine Lernplattform steigert die Bildungseinrichtung ihre Attraktivität für Partner aus der Hochschullandschaft und stellt sicher, dass auch im virtuellen Raum die Übergänge von beruflicher zu akademischer Bildung ermöglicht werden.

9

Hürden

Der langen Liste an Chancen stehen einige Risiken gegenüber, welche bei der Einführung von Moodle berücksichtigt werden sollten.

Funktionsumfang

> *Eine Lernplattform wie Moodle ist als Rundum-Sorglos-Lösung konzipiert – doch kaum eine Bildungseinrichtung benötigt alle Funktionen, welche standardmäßig mitgeliefert werden. Viele Funktionen bleiben auch nach längerer Zeit ungenutzt.*

Das Problem: Die Beseitigung von nicht benötigten Funktionen ist kompliziert. Und viele Einzel-Funktionen lassen sich überhaupt nicht abschalten. Deshalb greifen Bildungseinrichtungen vereinzelt zu kleineren TTools für spezifische Einsatzzwecke und Dozierende suchen sich nützliche Werkzeuge, die genau zu ihrem Bedarf passen, also beispielsweise zum kollaborativen Bearbeiten von Dokumenten. Diese sind leichter zu handhaben und werden nur für einen Einsatzzweck benötigt.

Für diesen sind sie optimiert und bieten üblicherweise deutlich mehr Möglichkeiten als die entsprechende Funktion in einer Lernplattform. Zudem sind viele Lehrende und Lernende in den gängigen Web-Tools wie „Google Docs" für die Zusammenarbeit an einem Dokument oder SlideShare für die Bereitstellung von Präsentationen bereits angemeldet.

Technik-Abhängigkeit

Hinter den meisten Lernplattformen stecken professionelle Entwicklerteams oder (wie im Falle von „Moodle") eine engagierte Nutzergemeinde in aller Welt. Sicherheitslücken und Systemfehler werden üblicherweise innerhalb von kürzester Zeit entdeckt und beseitigt. Doch Lernmanagement-Systeme sind vor Software-Problemen nicht gänzlich geschützt.

Wenn sich Bildungseinrichtungen für ein LMS-System entscheiden, sind die Angehörigen abhängig von der Funktionsfähigkeit dieses Systems. Es reicht bereits eine kleine Fehlfunktion in einer selten genutzten Aktivität innerhalb der Lernplattform, um das gesamte System lahmzulegen.

> *Häufig sind es auch eher kleine Störungen, welche zu einem plötzlichen Ausfall und damit zu einem großen Frust bei Lehrenden und Lernenden führen.*

Kursstruktur

Der Aufbau eines Kursraumes in einer Lernplattform wie Moodle bildet herkömmliche Instruktionsdesigns solide ab – wenn ein Lernarrangement jedoch nicht eine chronologische oder themenzentrierte Struktur aufweist, geraten Lehrende schnell an ihre Grenzen.

Alternative und kollaborative Szenarien lassen sich in einer Lernplattform nur bedingt abbilden und zwingen die Lehrenden zu einer traditionellen Strukturierung ihrer Lerninhalte.

Denn die Kursräume sind starr aufgebaut, ihre Struktur ist meist nur geeignet, um Material bereit zu stellen – doch die simple Wissensübertragung passt nicht zu dem konstruktivistischen Anspruch moderner Lernplattformen.

Passivität

In der offiziellen Betrachtung von Lernplattformen werden stets die interaktiven Elemente betont. Doch die Realität, welche in vielen Lernplattformen zu beobachten ist, ist häufig weit von einem konstruktivistischen E-Learning entfernt.

> *Viele Lernmanagement-Systeme werden hauptsächlich für die Distribution von Inhalten genutzt – und der Kursraum gleicht einer digitalen Müllhalde mit hunderten PDF-Dateien, die sich kaum jemand ernsthaft ansieht.*

Der Rundum-Sorglos-Service nach dem Motto „Sie finden alle nötigen Informationen in Moodle“ sorgt in vielen Bildungseinrichtungen auch dafür, dass die Lernenden nach kurzer Zeit ganz selbstverständlich davon ausgehen, alle relevanten Unterlagen im Lernmanagementsystem zu finden. Sie fertigen keine eigenen Protokolle mehr an und verzichten auf die eigenständige Internetrecherche.

TEIL III

Einsatzszenarien

10

Überblick

Auf den ersten Blick ist klar, warum der Australier Martin Dougiamas die Plattform Moodle entwickelt hat.

> *"Moodle ist eine Lernplattform" heißt es in der Kurzvorstellung des Projekts. Sie richtet sich der Beschreibung zufolge an Lehrende, Administratoren und Lernende und soll ein stabiles, sicheres und integriertes System zur Gestaltung von personalisierten Lernumgebungen bereit stellen.*

Im Zentrum dieser Entwicklung stehen interaktive Funktionen, mit denen Lernprozesse angeregt, unterstützt und vertieft werden können.

In der offiziellen Übersicht der Einrichtungen, in denen Moodle bereits eingesetzt wird, tauchen allerdings neben Universitäten sowie Schulen auch solche Einrichtungen auf, die nicht in erster Linie eigene Lehrveranstaltungen anbieten, sondern über Moodle neben der internen Fortbildung auch andere Prozesse abbilden. In Regierungseinrichtungen, Organisationen des Sozial- und Gesundheitswesens, beim Militär und Fluggesellschaften sowie Industrieunternehmen ist Moodle seit Jahren ein fester Bestandteil.

Für diese Einrichtungen, aber auch für Universitäten sowie Schulen, bietet Moodle eine Vielzahl an Einsatzmöglichkeiten abseits der interaktiven Elemente, mit denen Lernprozesse multimedial und interaktiv ergänzt werden. Darauf weisen beispielsweise Hoeksema/Kuhn hin, die Moodle als "webbasiertes Learning Content Management System" (LCMS) klassifizieren, weil es nicht nur das Erstellen von Verwalten von Web-Inhalten, sondern auch die Organisation von Lernprozessen und Lerngruppen ermöglicht (vgl. Hoeksema & Kuhn 2011, S. 14).

Aufenanger unterscheidet zwischen fünf zentralen Prinzipien für den Bereich des E-Learnings: Information, Kommunikation, Interaktion, Kooperation und Kollaboration (vgl. Aufenanger 2006, S. 6ff)

Um die Möglichkeiten von Moodle umfassend darzustellen, ist zunächst eine Begriffsklärung und Einordnung des Begriffes „Lernmanagementsystem“ (LMS) sowie eine Abgrenzung zu dem Begriff „Learning Content Management System" (LCMS) nötig. Hierbei handelt es sich grundsätzlich um eine komplexe webbasierte E-Learning-Infrastruktur, mit der Lerninhalte bereitgestellt und deren Nutzung unterstützt werden. Außerdem stellt sie Instrumente für das kooperative Lernen und eine Nutzerverwaltung bereit. Ein LMS mit dem Schwerpunkt der „Erstellung, Archivierung, Wiederverwendung und Distribution der Lerninhalte“ (vgl. e-teaching.org, 2012) wird auch als „Learning Content Management System“ (LCMS) bezeichnet.

Der Begriff „LCMS“ lässt sich also nicht trennscharf von einem Content Management System (CMS) oder einem Learning Management System (LMS) unterscheiden (vgl. Schulmeister 2005, S. 14-15).

Allerdings lassen sich die fünf Funktionsbereiche „Benutzerverwaltung“, „Kursverwaltung“, „Rollen und Rechte“, „Kommunikationsmethoden und Werkzeuge“ sowie „Darstellung der Kursinhalte, Lernobjekte und Medien“ ausmachen (vgl. Schulmeister 2005, S. 12).

Hier wird deutlich, dass sich der Einsatz von Moodle nicht ausschließlich auf die "virtuelle Lehre" beschränkt, sondern vielfältige Bedarfe einer Bildungseinrichtung abdecken kann. Somit sind für Moodle die folgenden vier Einsatzszenarien denkbar, welche auf Basis der vorgenannten theoretischen Überlegungen als Grundlage für die Darstellung in diesem Buch entwickelt wurden:

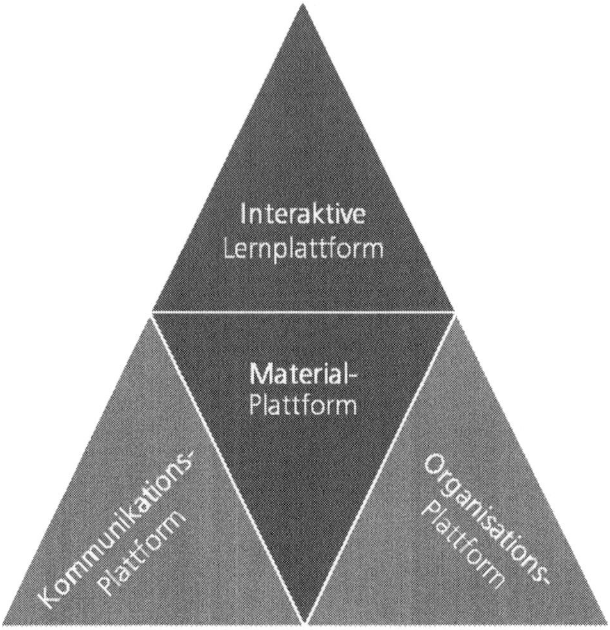

Einsatzszenarien für eine Lernplattform nach Wieschowski

Interaktive E-Learning-Plattform

Das Herzstück von Moodle besteht zweifelsohne in den interaktiven Funktionen, mit denen ein Kursraum ausgestattet werden kann. Hier sollen die Lernenden selbst aktiv werden und Inhalte erstellen. Vom Forum über das Wiki bis zu Selbsttests bietet Moodle viele interaktive Elemente, mit denen die

Kursteilnehmenden ihr Wissen anwenden und vertiefen können sowie gemeinsam neue Themen erarbeiten.

Organisationsplattform

Über die Benutzerverwaltung von Moodle können die Stammdaten aller Beteiligten einer Bildungseinrichtung verwaltet werden. Über die Kursverwaltung werden die Anmeldungen zu Lehrveranstaltungen verwaltet, sodass beispielsweise Teilnehmerlisten auf Grundlage des Moodle-Datensatzes erstellt werden können. Ferner ist eine eigenständige Anmeldung zu Lehrveranstaltungen durch die SchülerInnen möglich, sodass beispielsweise die Wahl von Wahlmodulen über eine Lernplattform organisiert werden kann. Zudem bietet Moodle über die Kalenderfunktion die Möglichkeit, aktuelle Termine zielgruppengenau zu präsentieren.

Kommunikationsplattform

Mit Hilfe des integrierten Nachrichtensystems kann die komplette Kommunikation innerhalb einer Bildungseinrichtung über Moodle abgewickelt werden. Dozierende können über ein zentrales Forum in jedem

Kursraum kursübergreifende Nachrichten an alle Teilnehmenden schicken - diese Nachrichten werden über das Forum zentral gesammelt, so dass die wichtigsten organisatorischen Mitteilungen an einem Ort sichtbar sind. Außerdem ist es möglich, jedem Nutzenden eine private Nachricht zu schicken. Nach der Einrichtung von speziellen Moodle-Kursräumen ist es zudem denkbar, den Austausch innerhalb einer Klasse/eines Studienjahrgangs sowie die Kommunikation mit Dozierenden zu ermöglichen. Außerdem könnte ein abgeschlossener Bereich für das Kollegium der Bildungseinrichtung eingerichtet werden.

Materialplattform

Über Moodle lassen sich alle Unterlagen für Lehrveranstaltungen bequem bereitstellen, also beispielsweise Powerpoint-Präsentationen, Reader oder Literatur-Scans. Ferner lassen sich praktisch alle möglichen Inhalte aus dem Internet in einen Moodle-Kursraum einbinden, sodass im Kursraum alle multimedialen Inhalte rund um die Lehrveranstaltung gesammelt und archiviert werden.

Alle vier Einsatzszenarien sollten als konkrete Beispiele für die zentralen Prinzipien und Funktionen von Lernplattformen, also beispielsweise Information, Kommunikation, Interaktion, Kooperation und Kollaboration, verstanden werden.

Die einzelnen Szenarien können sowohl komplementär als auch eigenständig genutzt werden. Moodle kann also durchaus ohne jeglichen Bezug zu einer Lehrveranstaltung eingesetzt werden und beispielsweise lediglich als "Intranet" dienen, in dem die Organisation einer Bildungseinrichtung sowie die Kommunikation innerhalb der Bildungseinrichtung stattfindet.

Die interaktiven Lernaktivitäten stehen in diesem Szenario nicht mit konkreten Lerninhalten in Verbindung, sondern erfüllen kommunikative und organisatorische Zwecke.

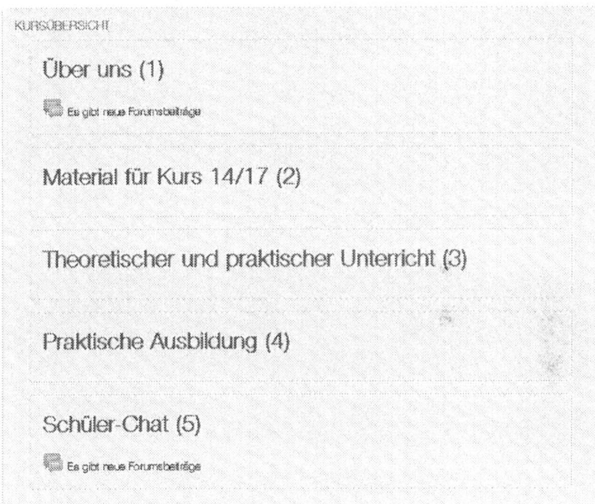

Kursübersicht auf dem Dashboard einer Schule aus dem Sozial- und Gesundheitswesen. Die Schule verzichtet in der Einführungsphase auf interaktives E-Learning. Stattdessen wird die Lernplattform zur Verbreitung von internen Informationen und Unterlagen sowie zur Bereitstellung von Lernmaterial verwendet.

Alternativ können nach der Einführung von Moodle in einer Bildungseinrichtung zuerst einzelne Einsatzszenarien verfolgt und weitere zu einem späteren Zeitpunkt ergänzt werden – häufig ist eine dreistufige Einführung zu beobachten:

1. **Zuerst werden die Kommunikations- und Organisationsfunktionen von Moodle genutzt**, die Lernplattform wird als zentrale Anlaufstelle für die Kontaktaufnahme mit KommilitonInnen und Dozierenden etabliert.
2. **Nach einer Phase der Eingewöhnung wird Moodle dann auch zur Verbreitung von Material genutzt** – in erster Linie allgemeine Unterlagen wie Ordnungen, Formulare oder einführende Lernmaterialien.
3. **Die Nutzung von interaktiven Elementen zur Unterstützung der Lehre**, beispielsweise durch Wikis oder Quizzes, erfolgt erst in einem fortgeschrittenen Stadium.

Auf diese Weise wird vermieden, dass die NutzerInnen mit der Nutzung der Lernplattform überfordert werden. Zudem lernen sie viele Funktionen, die im Rahmen der interaktiven Lehre nützlich sind, bereits zu Kommunikations- und Organisationszwecken kennen und verfügen bereits über Grundkenntnisse der Nutzung, wenn sie die Lernplattform in interaktiven E-Learning-Settings nutzen sollen – beispielsweise ein Forum, welches zuerst als „Schwarzes Brett“ für An- und Verkaufsanfragen genutzt wird und später in einem methodisch-didaktischen Kontext für eine sachbezogene Diskussion zum Einsatz kommt.

Vor der Einführung einer Lernplattform oder bei der kritischen Reflexion der bisherigen Nutzung einer bestehenden Lernplattform sollte innerhalb der Einrichtung frühzeitig geklärt werden, für welche konkreten Einsatzszenarien die Lernplattform genutzt wird – und in welche Richtung der Einsatz perspektivisch weiterentwickelt werden sollte.

Die konkreten Einsatzszenarien sollten frühzeitig gegenüber den NutzerInnen kommuniziert werden, da der allgemeine Begriff „Lernplattform" häufig zu Missverständnissen führt – insbesondere, wenn nur ein einzelnes der vorgenannten Einsatzszenarien verfolgt werden soll. So kann es sinnvoll sein, in Verbindung mit Moodle in der öffentlichen Kommunikation nicht von einer "Lernplattform" zu sprechen, wenn über die Plattform ausschließlich die Kommunikation sowie Organisation der Bildungseinrichtung erfolgt, jedoch keine Lehr- und Lernprozesse unterstützt werden sollen. In vielen Einrichtungen wird Moodle als „Kommunikationsplattform" oder „Austauschplattform" bezeichnet. Gelegentlich wird von Moodle auch als „Dateiablage" gesprochen, wenn die Plattform hauptsächlich zur Bereitstellung und Sammlung von Lernmaterialien genutzt wird.

Wichtig ist, nicht nur in der Phase der Einführung, sondern auch im weiteren Betrieb und Ausbau, den NutzerInnen möglichst knapp zu verdeutlichen, wofür die Plattform genutzt wird – und wofür nicht.

11

Organisationsplattform

> *Die Lernplattform Moodle ist standardmäßig mit zahlreichen administrativen Funktionen ausgestattet, die auch für die Verwaltung und Organisation einer Bildungseinrichtung nützlich sein und auch unabhängig von konkreten Lehrveranstaltungen eingesetzt werden können.*

In diesem Einsatzszenario ist Moodle die zentrale Anlaufstelle für alle organisatorischen Angelegenheiten rund um den Betrieb der Bildungseinrichtung.

Leitung sowie Verwaltung einer Bildungseinrichtung finden in Moodle alle nötigen Funktionen vor, um die Organisation des Lehrbetriebs sicherzustellen. Moodle ermöglicht beispielsweise die Erfassung von personenbezogenen Daten, sodass die Suche nach bestehenden NutzerInnen, die Erstellung neuer Nutzerkonten sowie die Verwaltung der Nutzerdaten möglich ist. Außerdem können sich Teilnehmende eigenständig zu Kursen anmelden. Die Anmeldungen sowie die Kursinhalte können bequem archiviert und jederzeit wiederhergestellt werden.

Neben der Benutzerverwaltung sowie der Verwaltung von Kursräumen zählt eine „Rollen und Rechte"-Verwaltung zu den Hauptfunktionen von Moodle, sodass Nutzergruppen wie Lehrende, Gastdozierende oder Teilnehmende verwaltet werden können. Diese Rollen können systemweit oder je nach Bedarf für einzelne Kursräume verteilt werden.

Moodle kann die Software zur (Hoch)-Schulverwaltung ersetzen und bietet eine unkomplizierte Lösung, Funktionen rund um die Organisation der Bildungseinrichtung auch über das Internet sowie durch die Nutzung der Moodle-App auf mobilen Endgeräten verfügbar zu machen.

Auf den folgenden Seiten werden einige Beispiele für den Einsatz von Moodle als Organisationsplattform vorgestellt:

Benutzerprofile

Alle BenutzerInnen müssen mit einem Benutzerprofil angelegt werden, sodass Moodle als Benutzerdatenbank der Bildungseinrichtung fungieren kann. Weitere Profilfelder können hinzugefügt werden, beispielsweise Matrikelnummer oder Studiengang.

> *Moodle ermöglicht die Nutzerverwaltung und Sicherung der persönlichen Daten für die gesamte Bildungseinrichtung.*

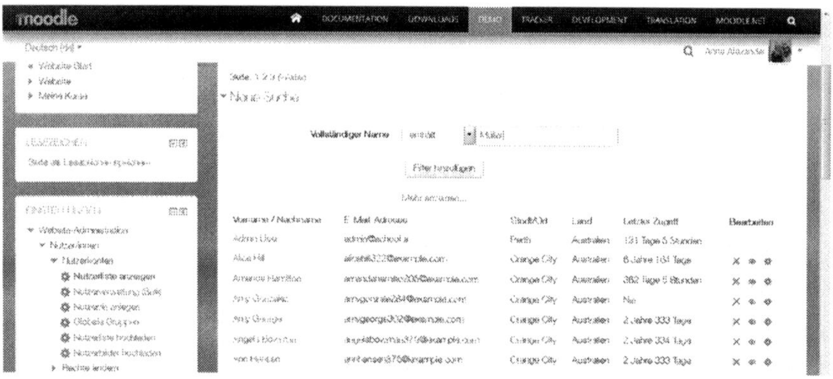

Suchmaske in der Nutzerverwaltung.

Gruppenzuordnung

Einzelne Teilnehmende in Moodle können über die Funktion "Globale Gruppen" zusammengefasst werden, um beispielsweise alle Teilnehmenden eines Jahrganges geschlossen in einen Kurs anzumelden. Wenn ein Kursmitglied aus der globalen Gruppe abgemeldet wird, verschwindet sein Profil aus allen Kursen.

> *Moodle dokumentiert die Zuordnung zu Gruppierungen und ermöglicht die Pflege von Mitgliedslisten in Studiengängen oder Kursprogrammen.*

Kurse und Kursbereiche

Innerhalb von Moodle lässt sich das vollständige Seminarangebot der Einrichtung abbilden. Die einzelnen Kursräume lassen sich zu Kursbereichen zusammenfassen, so dass beispielsweise verschiedene Kursbereiche für die unterschiedlichen Themengebiete oder Bildungsgänge denkbar sind.

> *Die Kursübersicht von Moodle fungiert als Vorlesungs- oder Veranstaltungsverzeichnis.*

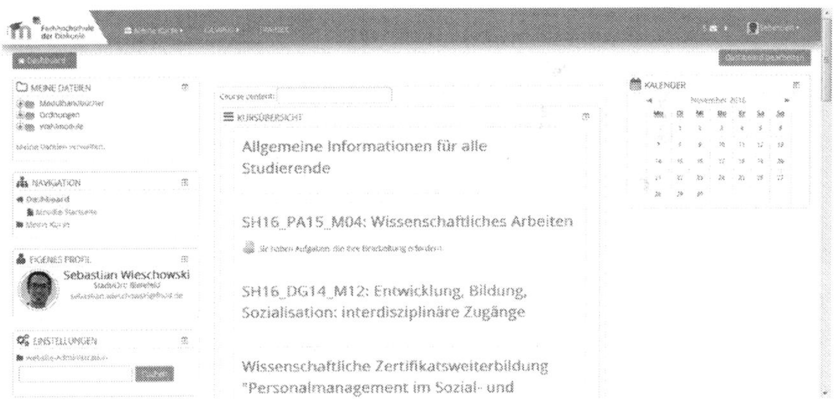

Struktur der Moodle-Plattform einer privaten Hochschule.

Anmeldung

Über die Selbsteinschreibung können sich BenutzerInnen eigenständig zu Lehrveranstaltungen anmelden. Die Anmeldefunktion kann zeitlich begrenzt und vorher gesperrt werden, außerdem sind verschiedene Authentifizierungsverfahren möglich.

> *Moodle sorgt dafür, dass die Teilnehmendenbegrenzung für Kurse nicht überschritten wird und die gleichen Chancen bei der Wahl bestehen.*

Notenverwaltung

Über die Funktion "Bewertungen" kann die Kursleitung eine Gesamtnote aus mehreren Aktivitäten des Kurses ermitteln oder auch die Noten aus der Präsenzlehre in Moodle sichern.

> *Die Teilnehmenden finden in diesem Fall in Moodle eine ständig aktualisierte Notenübersicht vor und können sich diese ausdrucken.*

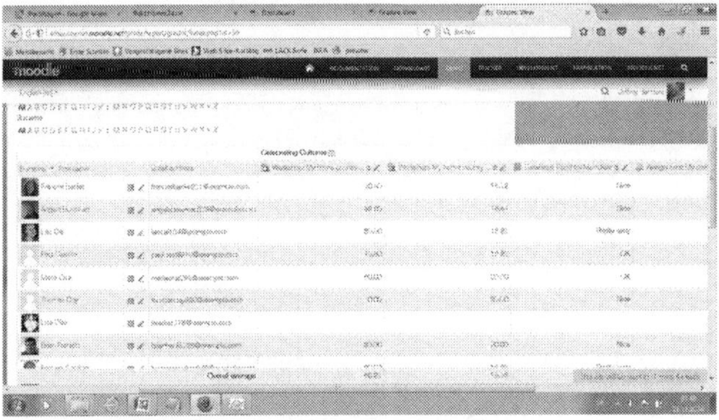

Übersicht über die Punktzahlen der SchülerInnen in verschiedenen Lernaktivitäten eines Kurses.

Terminkalender

Über den Kalender können Termine angezeigt werden - globale Termine, Kurstermine sowie Gruppen- und persönliche Termine.

> *Moodle ermöglicht die Terminverwaltung für die gesamte Einrichtung.*

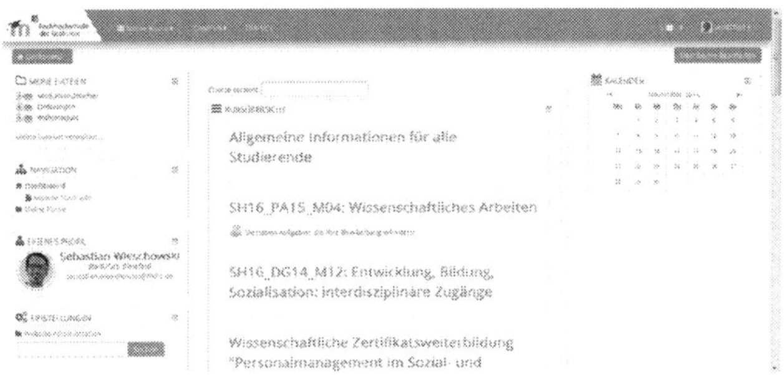

Kalender neben der Kursübersicht auf dem Moodle-Dashboard.

Wahlen

Über die Funktion "Abstimmung" können die Teilnehmenden eine Auswahl vornehmen.

> *Moodle stellt in diesem Fall eine Lösung zur Umsetzung von Wahlen, Umfragen oder Entscheidungen zur Verfügung.*

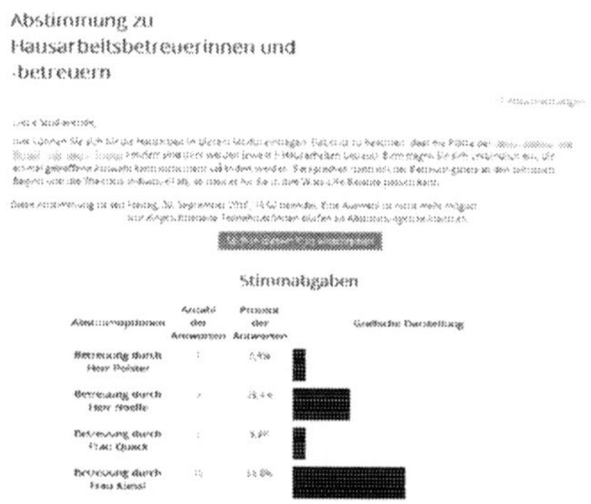

Auswahl von HausarbeitsbetreuerInnen mithilfe der Lernaktivität "Abstimmung".

Evaluation

Über die Aktivität "Feedback" lassen sich Fragebögen gestalten, mit denen Seminare innerhalb von Moodle evaluiert werden können.

Moodle stellt die Werkzeuge für die Bewertung von Lehrveranstaltungen bereit

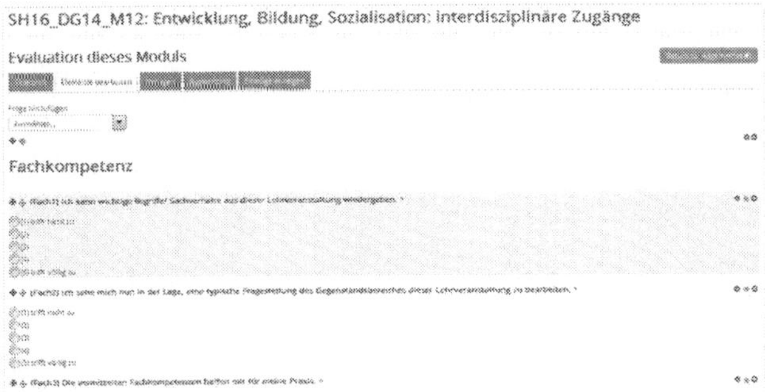

Umsetzung einer Evaluation mithilfe der Lernaktivität "Feedback".

Benutzerprofile

Alle BenutzerInnen müssen mit einem Benutzerprofil angelegt werden, sodass Moodle als Benutzerdatenbank der Bildungseinrichtung fungieren kann. Weitere Profilfelder können hinzugefügt werden, beispielsweise Matrikelnummer oder Studiengang.

> *Moodle ermöglicht die Nutzerverwaltung und Sicherung der persönlichen Daten für die gesamte Bildungseinrichtung.*

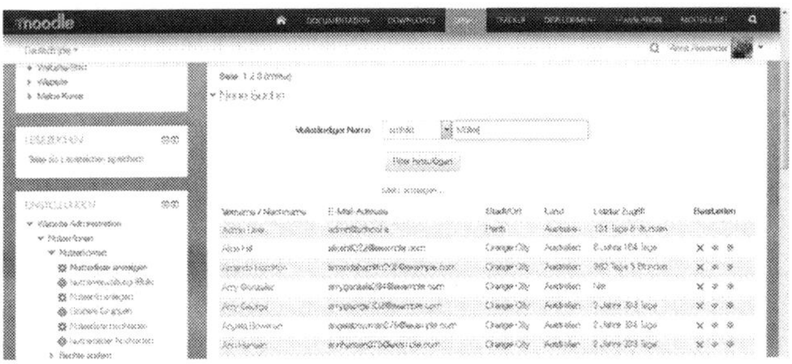

Suchmaske in der Nutzerverwaltung.

Gruppenzuordnung

Einzelne Teilnehmende in Moodle können über die Funktion "Globale Gruppen" zusammengefasst werden, um beispielsweise alle Teilnehmenden eines Jahrganges geschlossen in einen Kurs anzumelden. Wenn ein Kursmitglied aus der globalen Gruppe abgemeldet wird, verschwindet sein Profil automatisch aus allen Kursen.

> *Moodle dokumentiert die Zuordnung zu Gruppierungen und ermöglicht die Pflege von Mitgliedslisten in Studiengängen oder Kursprogrammen.*

Kurse und Kursbereiche

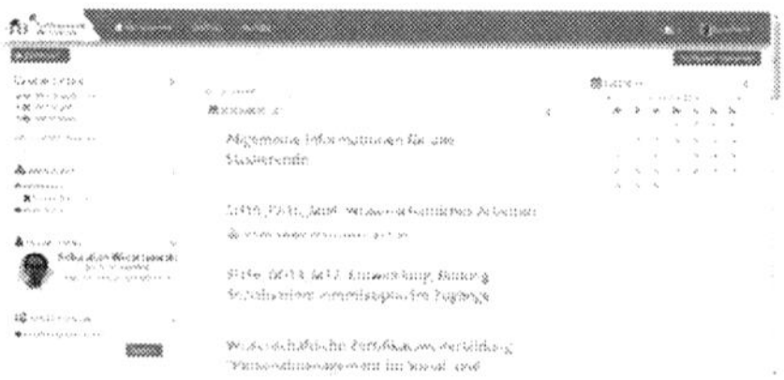

Struktur der Moodle-Plattform einer privaten Hochschule.

Innerhalb von Moodle lässt sich das vollständige Seminarangebot der Einrichtung abbilden. Die einzelnen Kursräume lassen sich zu Kursbereichen zusammenfassen, so dass beispielsweise verschiedene Kursbereiche für die unterschiedlichen Themengebiete oder Bildungsgänge denkbar sind.

> *Die Kursübersicht von Moodle fungiert als Vorlesungs- oder Veranstaltungsverzeichnis.*

Anmeldung

Über die Selbsteinschreibung können sich BenutzerInnen eigenständig zu Lehrveranstaltungen anmelden. Die Anmeldefunktion kann zeitlich begrenzt und vorher gesperrt werden, außerdem sind verschiedene Authentifizierungsverfahren möglich.

> *Moodle sorgt dafür, dass die Teilnehmendenbegrenzung für Kurse nicht überschritten wird und die gleichen Chancen bei der Wahl bestehen.*

Notenverwaltung

Über die Funktion "Bewertungen" kann die Kursleitung eine Gesamtnote aus mehreren Aktivitäten des Kurses ermitteln oder auch die Noten aus der Präsenzlehre in Moodle sichern.

> *Die Teilnehmenden finden in diesem Fall in Moodle eine ständig aktualisierte Notenübersicht vor und können sich diese ausdrucken.*

Übersicht über die Punktzahlen der SchülerInnen in verschiedenen Lernaktivitäten eines Kurses.

Terminkalender

Über den Kalender können Termine angezeigt werden - globale Termine, Kurstermine sowie Gruppen- und persönliche Termine.

> *Moodle ermöglicht die Terminverwaltung für die gesamte Einrichtung.*

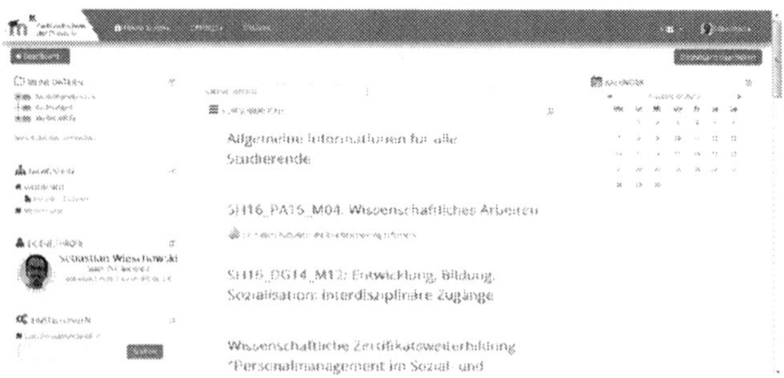

Kalender neben der Kursübersicht auf dem Moodle-Dashboard.

Wahlen

Über die Funktion "Abstimmung" können die Teilnehmenden eine Auswahl vornehmen.

> *Moodle stellt in diesem Fall eine Lösung zur Umsetzung von Wahlen, Umfragen oder Entscheidungen zur Verfügung.*

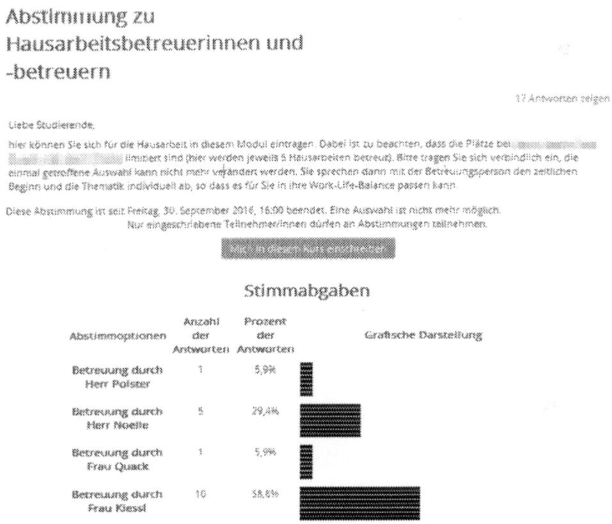

Auswahl von HausarbeitsbetreuerInnen mithilfe der Lernaktivität "Abstimmung".

Evaluation

Über die Aktivität "Feedback" lassen sich Fragebögen gestalten, mit denen Seminare innerhalb von Moodle evaluiert werden können.

> *Moodle stellt in diesem Szenario die Werkzeuge für die Bewertung von Lehrveranstaltungen im Kursraum bereit und ersetzt eine separate Evaluationssoftware.*

Umsetzung einer Evaluation mithilfe der Lernaktivität "Feedback".

Nutzerverwaltung

Alle BenutzerInnen müssen mit einem Benutzerprofil angelegt werden, sodass Moodle als Benutzerdatenbank der Bildungseinrichtung fungieren kann. Weitere Profilfelder können hinzugefügt werden, beispielsweise Matrikelnummer oder Studiengang.

> *Moodle ermöglicht die Nutzerverwaltung und Sicherung der persönlichen Daten für die gesamte Bildungseinrichtung.*

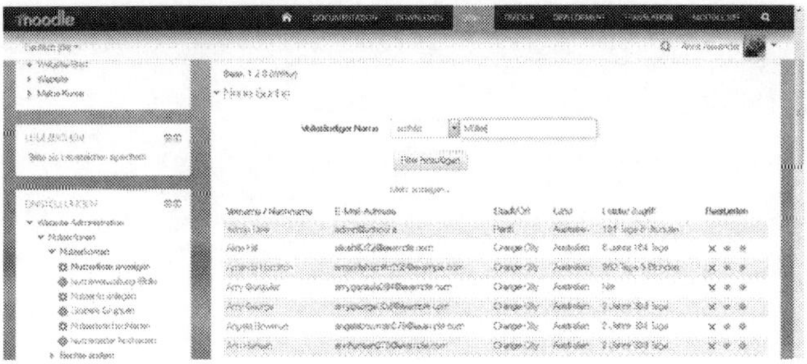

Suchmaske in der Nutzerverwaltung.

Gruppenzuordnung

Einzelne Teilnehmende können über die Funktion "Globale Gruppen" zusammengefasst werden, um beispielsweise alle Teilnehmenden eines Jahrganges geschlossen in einen Kurs anzumelden. Wenn ein Kursmitglied aus der globalen Gruppe abgemeldet wird, verschwindet sein Profil automatisch aus allen Kursen.

> *Moodle dokumentiert die Zuordnung zu Gruppierungen und ermöglicht die Pflege von Mitgliedslisten in Studiengängen oder Kursprogrammen.*

Kurse und Kursbereiche

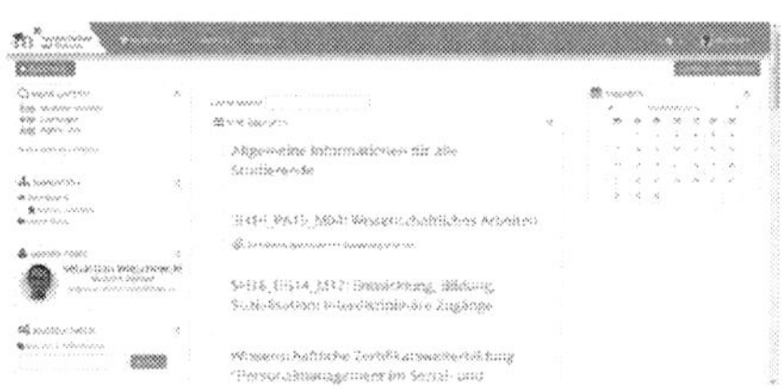

Struktur der Moodle-Plattform einer privaten Hochschule.

Innerhalb von Moodle lässt sich das vollständige Seminarangebot der Einrichtung abbilden. Die einzelnen Kursräume lassen sich zu Kursbereichen zusammenfassen, so dass beispielsweise verschiedene Kursbereiche für die unterschiedlichen Themengebiete oder Bildungsgänge denkbar sind.

> *Die Kursübersicht von Moodle fungiert als Vorlesungs- oder Veranstaltungsverzeichnis.*

Anmeldung

Über die Selbsteinschreibung können sich BenutzerInnen eigenständig zu Lehrveranstaltungen anmelden. Die Anmeldefunktion kann zeitlich begrenzt und vorher gesperrt werden, außerdem sind verschiedene Authentifizierungsverfahren möglich.

> *Moodle sorgt dafür, dass die Teilnehmendenbegrenzung für Kurse nicht überschritten wird und die gleichen Chancen bei der Wahl bestehen.*

Notenverwaltung

Über die Funktion "Bewertungen" kann die Kursleitung eine Gesamtnote aus mehreren Aktivitäten des Kurses ermitteln oder auch die Noten aus der Präsenzlehre, welche keinen Bezug zur Lernplattform haben, in Moodle sichern.

> *Die Teilnehmenden finden in diesem Fall in Moodle eine ständig aktualisierte Notenübersicht vor und können sich diese ausdrucken.*

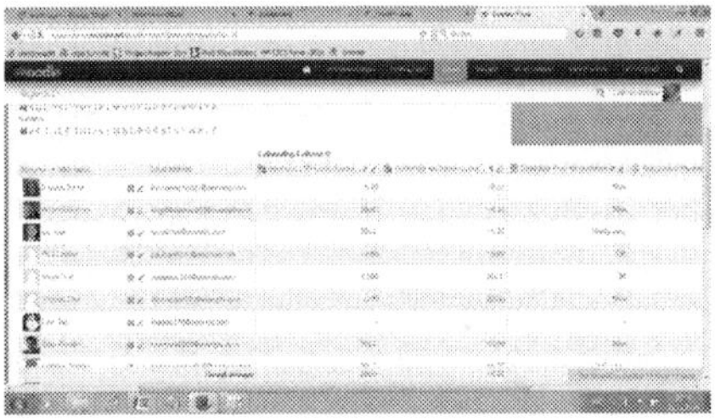

Übersicht über die Punktzahlen der SchülerInnen in verschiedenen Lernaktivitäten eines Kurses.

Terminkalender

Über den Kalender können Termine angezeigt werden - globale Termine, Kurstermine sowie Gruppen- und persönliche Termine.

> *Moodle ermöglicht die Terminverwaltung für die gesamte Einrichtung.*

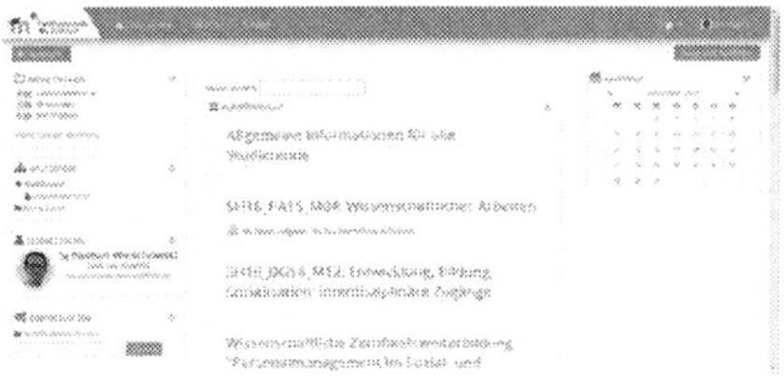

Kalender neben der Kursübersicht auf dem Moodle-Dashboard.

Wahlen

Über die Funktion "Abstimmung" können die Teilnehmenden eine Auswahl vornehmen.

> *Moodle stellt in diesem Fall eine Lösung zur Umsetzung von Wahlen, Umfragen oder Entscheidungen zur Verfügung.*

Evaluation

Über die Aktivität "Feedback" lassen sich Fragebögen gestalten, mit denen Seminare innerhalb von Moodle evaluiert werden können.

> *Moodle stellt die Werkzeuge für die Bewertung von Lehrveranstaltungen bereit.*

Umsetzung einer Evaluation mithilfe der Lernaktivität "Feedback".

12

Materialplattform

Die Lernplattform Moodle bietet den NutzerInnen ein leicht zu bedienendes Dateimanagement, mit dem kursbezogene Materialien oder sonstige nützliche Unterlagen bereit gestellt werden können. Moodle bietet sich aufgrund dieser Funktionalitäten als Alternative zu externen Festplatten

oder Servern innerhalb einer Einrichtung an und kann auch Online-Datenspeicherdienste wie "Dropbox" oder Cloud-Lösungen wie "Apple iCloud" ersetzen kann. In diesem Einsatzszenario fungiert Moodle als zentraler und durch Passwörter gesicherter Ablageort für alle Arten von Dateien für die Angehörigen der Bildungseinrichtung.

In Moodle können Dateien über die Funktion "Material oder Aktivität hinzufügen" als Arbeitsmaterial vom Typ Datei oder Verzeichnis in einen Kursraum integriert werden, außerdem können sie in vielen Aktivitäten als Anhänge hinzugefügt werden - beispielsweise an Forenbeiträge, Wikieinträge oder als Datenbankinhalte. Der Speicherplatz ist praktisch unbegrenzt und bemisst sich nach den jeweiligen Serverkapazitäten der Einrichtung.

Es können praktisch alle Arten von Dateien hochgeladen werden, angezeigt werden diese stets mit dem dazu gehörigen Programm, welches auf dem Computer der NutzerInnen installiert ist. Alle Dateien in Moodle können auch mit Metadaten, also beispielsweise einem Dateinamen, der Autorenangabe oder einem Lizenzhinweis, versehen werden.

Das Material wird zentral auf dem Moodle-Server abgelegt und befindet sich somit in einem passwortgeschützten Bereich, auf den nur zuvor freigeschaltete NutzerInnen zugreifen können. Über die Rollen- und Rechteverteilung wird sichergestellt, dass nur die gewünschten Nutzergruppen das Material einsehen können. Alle Materialien, welche in mehreren Kursräumen eingesetzt werden sollen, können über den Bereich "Eigene Dateien" einmal hochgeladen und an mehreren Orten innerhalb der Lernplattform angezeigt werden - so wird Speicherplatz auf dem Server gespart. Außerdem ist es für Dozierende leicht möglich, Dateien innerhalb von Moodle wiederzuverwenden.

> *Der Einsatz von Moodle abseits der klassischen Kurse als Datenablage hat viele Vorteile: Eine erneute Anmeldung der Teilnehmenden für mehrere Kurse oder in unterschiedlichen Datenplattformen ist nicht nötig, sie können mit ihrem bestehenden Benutzernamen und Passwort auf alle nötigen Dokumente zugreifen und müssen nicht über einen VPN-Tunnel auf eine interne Speicherlösung innerhalb der Bildungseinrichtung zugreifen.*

Insbesondere aus datenschutzrechtlicher Sicht ist es sinnvoll, alle Lernmaterialien sowie Lernaktivitäten auch außerhalb der Kurse über die Lernplattform Moodle zu organisieren und dafür auf andere Datenablagedienste oder Cloud-Lösungen zu verzichten – die Daten liegen in der Moodle-Plattform auf einem schuleigenen Server oder dem Server einer zertifizierten Einrichtung, anders als bei YouTube, Dropbox und Co. geben die Seminarteilnehmenden nicht bei einem Upload ihre Rechte an den hochgeladenen Dateien ab.

Außerdem kann die Einrichtungsleitung bei missbräuchlicher Nutzung leichter einschreiten und behält die Möglichkeit, eine gewisse Kontrolle auszuüben – anders als bei Facebook sind die Inhalte aller Kursräume für AdministratorInnen einsehbar.

Auf den folgenden Seiten werden einige Beispiele für den Einsatz von Moodle als Materialplattform vorgestellt:

Arbeitsmaterial

Im Moodle-Kursraum können über die Funktion "Material oder Aktivität anlegen -> Arbeitsmaterial" praktisch alle Arten von statischen Lerninhalten bereit gestellt werden, also beispielsweise Auszüge aus Buchkapiteln, Powerpoint-Präsentationen, Reader, kurze Checklisten oder Linktipps. Über interaktive Lernaktivitäten können auch Teilnehmende eigene Dateien im Kursraum hochladen.

Im Kursraum werden diese Elemente wahlweise als einzelne Dateien oder alternativ gebündelt in Dateiverzeichnissen angezeigt, um den Teilnehmenden in der Kursraumübersicht die Orientierung zu erleichtern.

Das Material wird innerhalb des Kursraumes in einzelnen Kursabschnitten dargestellt, die beispielsweise chronologisch oder nach Stichworten sortiert werden können. Über die Option „bedingte Verfügbarkeit“ können die Inhalte auch frühzeitig vorbereitet und zu einem späteren Zeitpunkt oder nach Erfüllen bestimmter Voraussetzungen für die Teilnehmenden sichtbar geschaltet werden.

> *Der Moodle-Kursraum fungiert also als zentrale Dateiablage für alle relevanten Unterlagen rund um das jeweilige Seminar.*

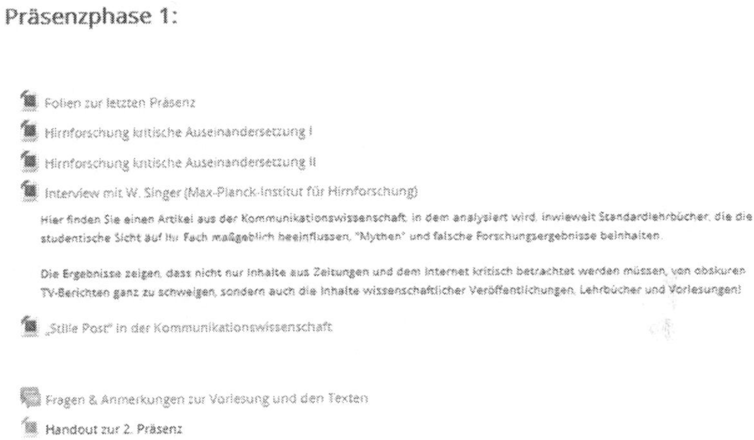

Kursbereich mit PDF-Dateien zum Download.

Unterrichtsdokumentation

Über diverse interaktive Funktionen kann in einem Moodle-Kursraum der laufende Seminarbetrieb fortlaufend dokumentiert werden, beispielsweise durch den regelmäßigen Upload von Seminarprotokollen oder Handouts von Referaten. Alternativ könnten auch Protokolle in einem Wiki hochgeladen und von allen Teilnehmenden ergänzt werden, sodass im Laufe des Seminars ein Protokoll entsteht, welches aus Sicht des gesamten Kurses alle relevanten Informationen enthält.

> *Der Moodle-Kursraum dient in diesem Fall zur dauerhaften Dokumentation des Seminarverlaufes und bietet auch abwesenden Teilnehmenden die Möglichkeit, die Lerninhalte zu wiederholen oder Ergänzungen von anderen Kursmitgliedern für den eigenen Lernfortschritt zu nutzen.*

Vertiefung

Neben dem verpflichtenden Kursmaterial kann Moodle auch zur Verbreitung von nicht verpflichtenden, aber freiwillig vertiefenden Übungsangeboten sowie weiterführenden Materialien genutzt werden. Alternativ können auch Inhalte in Moodle erst dann freigeschaltet werden, wenn die Teilnehmenden vorherige Aktivitäten im Kursraum bearbeitet haben.

> *Moodle fungiert dann als Bibliothek für zusätzliche Recherchen sowie als Lernangebot für besonders leistungsstarke Lernende oder besondere Lerngruppen innerhalb einer Bildungseinrichtung und kann weitere Unterlagen oder interaktive Übungen zur Vertiefung des Lernstoffes enthalten.*

Multimedia-Inhalte

Der Moodle-Kursraum kann mit multimedialen Inhalten wie Videodateien (über die Aktivität "Externes Tool") oder Podcasts (über den Datei-Upload) ausgebaut werden. Auf diesem Weg werden insbesondere audiovisuelle Lerntypen angesprochen und unterschiedliche Lernwege zur Erschließung der Seminarinhalte angeboten. Um den Speicherplatz des Moodle-Servers zu schonen, können die Daten auch auf externen Servern (beispielsweise bei YouTube) abgelegt und in den Kursraum verlinkt werden.

> *Moodle fungiert in diesem Fall als interne Videothek, Fotoarchiv oder Ton-Datenbank.*

Moodle-Kursbereich mit Einbindung eines YouTube-Videos.

Eigene Dateien

Alle Nutzenden erhalten innerhalb der Moodle-Plattform einen eigenen Bereich zur Ablage von Dateien, in dem sie ihre beliebigen Materialien sichern können. In diesem Bereich kann die Kursleitung künftiges Lernmaterial vorbereiten und ständig benötigte Dokumente für den dauerhaften Zugriff bereit halten. Die Kursteilnehmenden können in Moodle ein kleines Materialarchiv mit besonders nützlichen Lerninhalten aufbauen und kontinuierlich mit Material aus dem Kursraum ergänzen. Alle Inhalte, die im Bereich „Meine Dateien“ abgelegt wurden, können beliebig oft in mehreren Moodle-Kursräumen bereit gestellt werden, der Serverspeicherplatz wird jedoch nur einmal belastet.

> *Moodle dient in diesem Fall als externe Festplatte oder virtueller USB-Stick zur Sammlung von kursbezogenen Inhalten, auf die Kursmitglieder und Dozierende auch von unterwegs zugreifen können.*

Projektmanagement

Für übergreifende Aktivitäten rund um die jeweilige Lehreinrichtung wie beispielsweise die Schülervertretung oder Arbeitsgemeinschaften kann ein Moodle-Kursraum zum Projektmanagement genutzt werden. Beispielsweise kann die Aktivität "Wiki" einer Gruppe als Basis für die Organisation ihres

Projektes dienen, sodass hier Methoden und Materialien bereit gestellt werden. Das Wiki kann zur Ideensammlung, Planung und Durchführung des Projekts sowie zur späteren Evaluation des Projekts genutzt werden. Auf der Wiki-Seite kann in einer Tabelle der Arbeitsfortschritt festgehalten und offengelegt werden.

> *Moodle fungiert in diesem Fall als Austauschplattform für die Beteiligten des Projektes.*

Datensammlung

Über die Aktivität "Datenbank" kann eine Datenbank mit beliebiger Struktur aufgebaut werden, sodass beispielsweise Adressbücher, Bibliothekskataloge oder das Verzeichnis von Praktikumsstellen in Moodle zentral gepflegt werden können. Die Inhalte der Datenbank können später exportiert und mit anderen Programmen weiterverarbeitet werden. Außerdem besteht die Möglichkeit, die Einträge in der Datenbank zu verschlagworten.

> *Moodle stellt in diesem Fall die technische Infrastruktur für die Datensammlung bereit.*

Profilsuche

Die standardmäßigen Felder der Nutzerprofile, also beispielsweise Vor- und Nachname, Wohnort sowie Telefonnummer, können um zusätzliche Felder ergänzt werden, sodass die NutzerInnen besondere Fähigkeiten, Vorerfahrungen und Interessen in ihrem Profil benennen sowie entsprechende Suchanfragen nach anderen Teilnehmenden starten können. Über die Schlagwortsuche werden alle NutzerInnen angezeigt, die ein bestimmtes Interesse angegeben haben.

> *Moodle fungiert als Markt der Möglichkeiten und internes Expertenverzeichnis und sammelt wie ein soziales Netzwerk für Beruf und Karriere weiterführende Informationen rund um die Kursteilnehmenden.*

13

Kommunikationsplattform

“ *Die Lernplattform Moodle verfügt über mehrere Funktionen, mit denen die einzelnen Nutzenden in Kontakt treten können. Das interne Mitteilungssystem sowie die kursbezogenen Kommunikationsfunktionen bieten die Grundlagen für den Einsatz von Moodle als*

Kommunikationsplattform. Wenn alle genannten Funktionen konsequent in einer Einrichtung eingesetzt werden, ist die Kommunikation per Mail oder Telefon größtenteils verzichtbar. In diesem Einsatzszenario fungiert Moodle als internes Mitteilungssystem für die Angehörigen der Bildungseinrichtung.

In Moodle können die NutzerInnen über ein integriertes Mitteilungssystem miteinander kommunizieren, welches losgelöst von einzelnen Kursräumen erreichbar ist. Der Abschnitt Mitteilungen ist im Block "Navigation" unter "Mein Profil" zu finden.

Durch einen Klick auf den Namen eines Moodle-Nutzers ist die Kontaktaufnahme möglich, die bereits bestehenden Kontakte sowie aktuelle Gespräche und Mitteilungen werden innerhalb der Mitteilungsfunktion in Moodle gesammelt. Über diese Funktion können die Teilnehmenden mit allen NutzerInnen der Plattform in direkten Austausch treten.

Neben dem kursübergreifenden Mitteilungssystem können auch auf Kursebene mehrere Funktionen zur Kommunikation eingestellt werden. Die Aktivität "Chat" ermöglicht einen synchronen Austausch, in der Aktivität "Forum" können asynchron Botschaften ausgetauscht werden. Diese Kommunikationsfunktionen können nur die TeilnehmerInnen des jeweiligen Kursraumes nutzen.

Wenn Moodle als Kommunikationsplattform genutzt werden soll, ist es ratsam, entsprechende Kommunikationsregeln innerhalb der Bildungseinrichtung festzulegen. So könnte beispielsweise die Kommunikation per E-Mail zwischen Kursmitgliedern und der Kursleitung eingestellt und in Moodle übertragen werden, sodass die Teilnehmenden ausschließlich über Moodle mit den Dozierenden in Kontakt treten können. Auch die Teaminterne Kommunikation kann anstelle von Rundmails über ein Forum in einem "Lehrerzimmer"-Kursraum gebündelt werden.

Auf den folgenden Seiten werden einige Beispiele für den Einsatz von Moodle als Kommunikationsplattform vorgestellt:

Private Mitteilungen

Über das plattforminterne Mitteilungssystem können alle NutzerInnen persönliche Nachrichten direkt an andere NutzerInnen schicken, ohne die eigene E-Mail-Adresse oder Handynummer preiszugeben.

Diese Nachrichten sind nur für SenderIn und EmpfängerIn der Nachricht und ausschließlich im internen Bereich von Moodle einsehbar, InternetnutzerInnen ohne Moodle-Zugang können die Mitglieder der Lernplattform nicht kontaktieren.

In einem eigenen Mitteilungsbereich werden die bereits bestehenden Kontakte gesammelt sowie der bisherige Mitteilungsverlauf dargestellt, sodass der Überblick über die kursbezogene Kommunikation erleichtert wird. Alle NutzerInnen der Moodle-Lernplattform können über diese Funktion angeschrieben werden. Hierfür ist ein Klick auf das jeweilige Profil nötig. Auf diesem Weg werden die E-Mail-Boxen von Dozierenden und Lernenden entlastet und auch Teilnehmende, die über keine E-Mail-Adresse verfügen oder ihre private E-Mail-Adresse nicht angeben möchten, können mithilfe der Lernplattform über das Internet mit anderen Kursteilnehmenden kommunizieren. In die Kontaktliste des privaten Nachrichtenbereichs können die BenutzerInnen ihre bevorzugten Kontakte aufnehmen oder unerwünschte Nachrichten sperren.

> *Moodle ermöglicht also die geschützte Privat-Kommunikation zwischen einzelnen Angehörigen der Bildungseinrichtung.*

Kursinterne Mitteilungen

In jedem Moodle-Kursraum gibt es das sogenannte "Nachrichtenforum der Kursleitung". In diesem Forum kann nur die Kursleitung eigene Nachrichten schreiben, diese werden bei Bedarf an die Teilnehmenden des Kurses per Mail weitergeleitet.

In diesem Forum werden üblicherweise organisatorische Nachrichten rund um den Seminarverlauf sowie Arbeitsanweisungen oder Hinweise auf freiwillige Zusatzveranstaltungen gesammelt. Somit bietet dieses Nachrichtenforum eine kompakte Übersicht über alle organisatorischen Mitteilungen zum Kursverlauf und einen zentralen Ort, an dem die bisherigen Nachrichten der Kursleitung archiviert sind und nachgelesen werden können.

Ausreden nach dem Motto „Die Mail des Dozierenden ist in meinem Spam-Filter gelandet, ich habe die Arbeitsanweisungen nicht bekommen“ zählen dann nicht mehr, denn alle Teilnehmenden wissen, dass sie die Meldungen rund um den Kursverlauf im Nachrichtenforum finden.

> *Moodle bietet also einen Nachrichtenverteiler für alle Mitglieder eines Kurses. Außerdem stellt Moodle einen zentralen Ort bereit, an dem wichtige Nachrichten rund um einzelne Seminare gesammelt werden.*

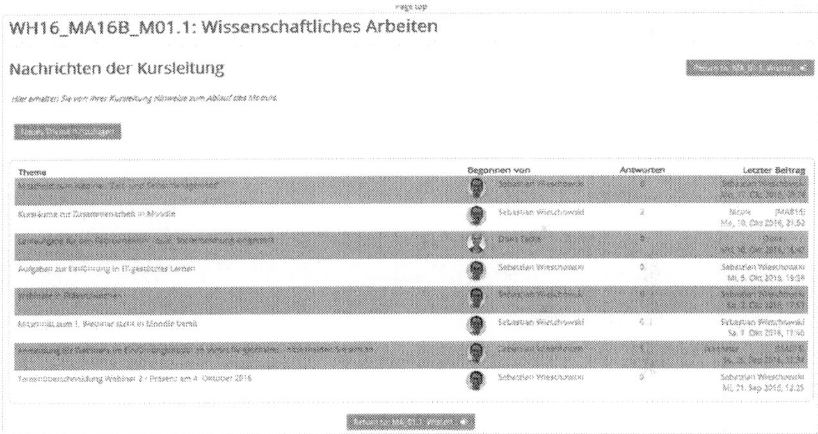

Zentrales Nachrichtenforum der Kursleitung für organisatorische Mitteilungen.

Mitteilungen innerhalb des Jahrgangs

Weil die Mitglieder des Kurses im Nachrichtenforum der Kursleitung nicht schreiben können, sollte neben dem Bereich der Kursleitung in jedem Moodle-Kursraum ein weiteres Forum für den Austausch zwischen den Teilnehmenden des Kurses eingerichtet werden.

Dieses Forum fungiert als Mailverteiler innerhalb des Kurses, sodass die Beiträge im Forum automatisch an die Mailadressen aller Kursteilnehmenden weitergeleitet werden. Die Teilnehmenden müssen somit keinen eigenen Mail-Verteiler mehr pflegen und können Rundmails bequem mit einem Klick über das Forum verschicken. Zudem sind bereits verschickte Nachrichten dauerhaft einsehbar, sodass doppelte Fragen sowie massenhafte Rundmails vermieden werden.

Ein entsprechendes Forum eignet sich vor allem für die Klärung von offenen Fragen innerhalb des Kurses, die Kursleitung hat üblicherweise Zugriff auf das Forum und kann auf Beiträge der Teilnehmenden reagieren. Außerdem kann in diesem Forum der informelle Austausch rund um das Seminar, beispielsweise zu Kulturveranstaltungen am Abend nach dem Seminar, ermöglicht werden.

> *Moodle ermöglicht also auch die Kommunikation innerhalb einer Seminargruppe sowie einen internen Mailverteiler.*

Lerngruppen-Austausch

Heutzutage organisieren sich Lernende meist über soziale Netzwerke wie „Facebook“, um gemeinsame Lernprozesse zu moderieren und auch über Distanz in Kontakt zu bleiben. Urheberrecht und Datenschutz bleiben hier meist unbeachtet, außerdem werden Kursmitglieder von der Kommunikation ausgeschlossen, wenn sie sich gegen die Nutzung von sozialen Netzwerken entscheiden.

> *Moodle bietet Lerngruppen die Möglichkeit zur vertraulichen Kommunikation über die Lernplattform und einen eigenen Bereich, in dem Arbeitsmaterial abgelegt oder der Fortschritt in einem Projekt dokumentiert werden kann.*

Anstelle entsprechender Gruppen in sozialen Netzwerken könnte die Bildungseinrichtung einzelne Moodle-Räume für die Lerngruppen einrichten, damit die lerngruppeninterne Interaktion innerhalb der Lernplattform stattfindet. Über die Rollen-und-Rechte-Verwaltung kann festgelegt werden, dass Lehrende keinen Zugriff auf die Räume der Lerngruppen haben, damit die Anonymität innerhalb der Lerngruppe gewahrt bleibt.

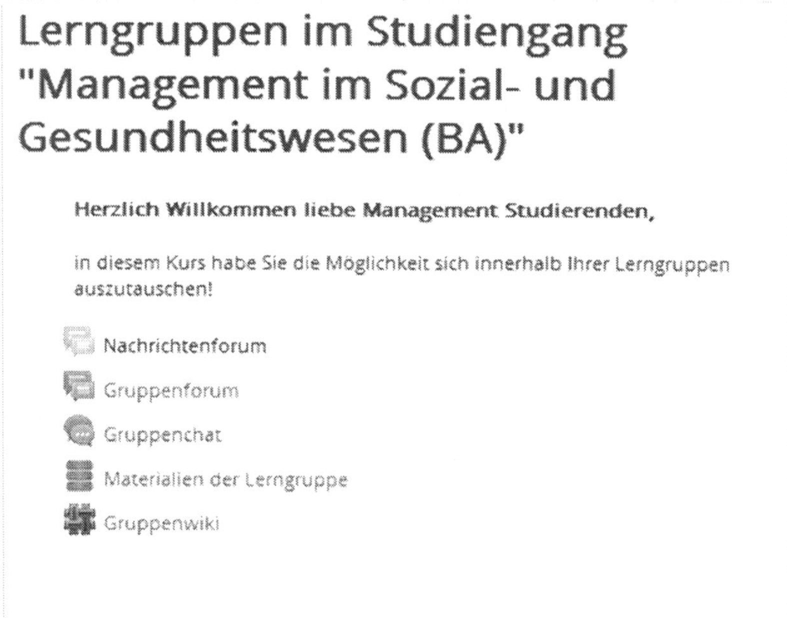

Austauschbereich für Lerngruppen mit Forum, Wiki, Chat und Datenbank.

Kollegiumsinterner Austausch

In den meisten Bildungseinrichtungen werden Team-interne Mitteilungen meist per Mail verschickt. Um überfüllte Mail-Postfächer zu vermeiden, kann Moodle auch für die Kommunikation im Team der Bildungseinrichtung genutzt werden.

In einem eigenen Kursraum, zu dem nur die Mitarbeitenden gesonderten Zutritt erhalten, wird die interne Kommunikation gebündelt. Anstelle von Rundmails könnte ein Kollegiumsforum eingerichtet werden, in dem alle wichtigen Mitteilungen gesammelt werden – die KollegInnen schicken dann keine Antwortmails, sondern antworten im Forum. Insbesondere bei abstimmungsintensiven Diskussionen, beispielsweise Terminfindungen, wird so die E-Mail-Box stark entlastet.

Im Kollegiumsbereich könnte es zudem ein Adressbuch geben, welches die jeweils aktuellen Kontaktdaten enthält.

Auch für den Personalrat oder Arbeitsgruppen innerhalb des Kollegiums können eigene Kursräume eingerichtet werden. So ist die Kommunikation innerhalb dieser Gruppen an einem Ort gebündelt und übersichtlich archiviert, sodass auch neue KollegInnen den Diskussionsverlauf ohne großen Aufwand nachvollziehen können.

> *Moodle fungiert also als internes Nachrichtensystem innerhalb des Kollegiums und ermöglicht eine E-Mail-freie Kommunikation zwischen den festangestellten Mitarbeitenden der Bildungseinrichtung.*

Anonymes Feedback

Über die Moodle-Aktivität "Feedback" lassen sich bequem Eingabefelder erstellen, mit denen die einzelnen Rückmeldungen von angemeldeten Moodle-NutzerInnen sowie nach Anpassung der Rechte auch allen Internetsurfern vollständig anonymisiert an die Leitung der Bildungseinrichtung weitergegeben werden können. Dies kann bei vertraulichen Problemen wie Mobbing

Anonyme Box für Anregungen auf Basis der Lernaktivität "Feedback".

oder Gewalt hilfreich sein – durch den Passwortschutz von Moodle kann sichergestellt werden, dass diese Feedback-Funktion nicht der breiten Öffentlichkeit zur Verfügung steht.

Durch eine besondere Anpassung der Rollen- und Rechteverwaltung kann in Ausnahmefällen jedoch auch Gästen, die nicht in der Moodle-Plattform als Teilnehmende registriert sind, der Zugriff auf eine Feedback-Funktion ermöglicht werden.

> *Moodle bietet also einen leicht zu bedienenden Kommunikationskanal für vertrauliche Mitteilungen und ermöglicht den Absendern vollständige Anonymität.*

14

Interaktive Lernplattform

Wie bereits der Begriff "Lernplattform" deutlich macht, besteht das Herzstück einer Plattform wie Moodle in der elektronischen Unterstützung von Lernprozessen mit interaktiven Mitteln - hier sollen nicht nur Inhalte „konsumiert“, sondern selbst erarbeitet werden.

Eine Lernplattform ist also ein klassisches Beispiel für ein Hilfsmittel aus dem Bereich des "E-Learning". Einleitend soll darauf hingewiesen werden, dass eine einheitliche Definition des Begriffes „E-Learning“ nicht existiert, der Begriff ist insbesondere einem ständigen Wandel durch den technologischen Fortschritt unterworfen.

> *Bildungswissenschaftler und Lehrende fassen unter E-Learning alle Lehr- und Lernformen zusammen, "die auf der Grundlage moderner Informations- und Kommunikationstechnologien umgesetzt werden und deren Multimedia- und Hypertext-Eigenschaften Lehren und Lernen unabhängig von Zeit und Ort möglich machen."*

Wichtig ist hierbei, dass die Lernumgebungen, in denen die Technologien integriert sind, mit dem Lernprozess selbst unmittelbar verbunden sind (Iberer 2010, S. 15). Der Computer wird also als das Medium genutzt, welches durch interaktive Prozesse das Lernen fördert (vgl. Wiepcke 2006, S. 41).

Zusammenfassend kann E-Learning also als Sammelbegriff für das Lehren und Lernen mit digitalen, elektronischen Medien verstanden werden, so dass auch E-Books, Audioplayer, Videoplayer sowie die Speichermedien DVD, Blue-Ray und Discs als Beispiele für E-Learning gelten können. Alternativ für den Begriff "E-Learning" wird auch der Begriff "Computer Assisted Learning" (CAL) genutzt (Grob 2012).

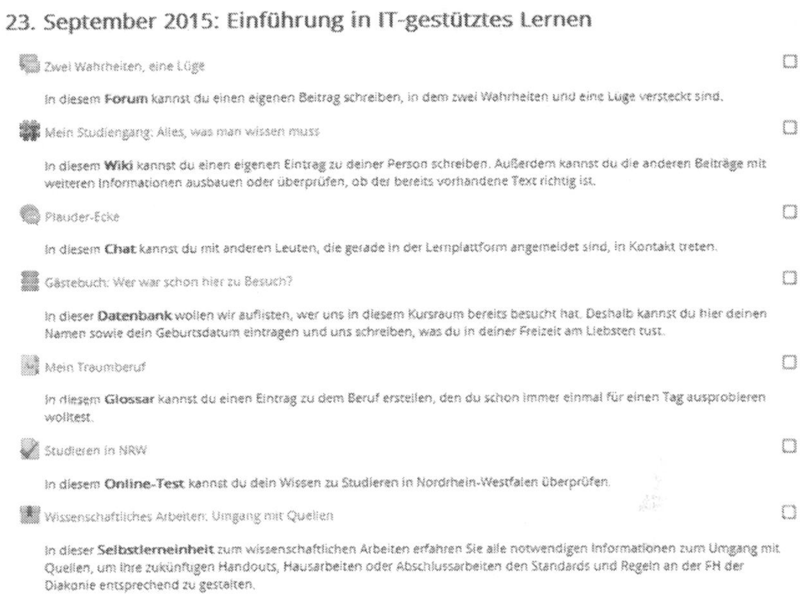

Kursbereich mit interaktiven Lernaktivitäten in Moodle.

Elektronische Medien wie eine Lernplattform werden meist in einem von zwei unterschiedlichen Lernsettings eingesetzt, die im Folgenden kurz umrissen werden sollen. Ursprünglich waren E-Learning-Elemente im Bereich des "Distance Learning" zu beobachten - dieser Begriff bezeichnet einen strukturierten Lernprozess ohne die physische Anwesenheit eines Lehrenden ermöglicht wird.

Der Begriff wurde erstmals 1989 verwendet und hat bis heute Relevanz. Alternativ zu dem Begriff "Distance Learning" wurden auch Formulierungen wie Telelernen, telematisches Lehren und Lernen, Open-Distance-Learning oder Fernlehre verwendet (vgl. Moritz 2008, S. 9).

Vorläufer lassen sich allerdings bis ins Mittelalter zurück verfolgen, wo technische Apparaturen zur Bereitstellung von Büchern entwickelt wurden.

Spätestens seit der Entwicklung der ersten computergestützten Lerntechnologien in den siebziger Jahren des 20. Jahrhunderts kann von einem "elektronischen" Lernen gesprochen werden. Frühe Lernmaschinen ermöglichten - der behavioristischen Lerntheorie folgend - einfache Frage-Antwort-Spiele sowie Lückentexte, bei denen eine direkte Bestätigung erfolgte (vgl. Niegemann et al. 2004, S. 5).

Mit dem Siegeszug des Personal Computers im Laufe der Neunziger Jahre wurden E-Learning-Elemente verstärkt in Kombination mit anderen Lernmethoden eingesetzt. Ursprünglich als „hybride Lernformen“ bezeichnet, wurden die neuen Medien wie Audio und Video mit den herkömmlichen Lernformen verbunden wurden.

Später gingen multimediale Lernprogramme nun über behavioristische Lernsettings hinaus und übernahmen nicht mehr ausschließlich das Wiederholen und Prüfen von Faktenwissen, sondern hielten auch interaktive Lerneinheiten für eine selbstständige Wissenskonstruktion und vielfältige Lernwege bereit.

Interaktive Funktionen in Moodle

In Moodle stehen folgende interaktive Lernaktivitäten innerhalb standardmäßig zur Gestaltung des Kursraumes zur Verfügung:

Abstimmung: Die SeminarteilnehmerInnen sollen eine Umfrage in Form einer Auswahl von Antwortmöglichkeiten ausfüllen, beispielsweise für kurze Meinungsbilder. Die Ergebnisse werden anonym oder öffentlich dargestellt.

Aufgabe: Die SeminarteilnehmerInnen sollen digitale Inhalte zur Bewertung abgeben, also neben einem Text auch Tabellen, Bilder sowie Audio- und Video-Clips. Die Arbeitsergebnisse sind nur für die Kursleitung sichtbar.

Chat: Die Kursleitung ermöglicht synchrone Diskussionsrunden mit mehreren GesprächspartnerInnen zu einem kursbezogenen Thema und moderiert üblicherweise das Gespräch. Das Chat-Protokoll lässt sich exportieren.

Datenbank: Die Kursleitung bietet eine technische Infrastruktur, um gemeinsam mit den SeminarteilnehmerInnen Material strukturiert und systematisch zu sammeln und zu sichern, beispielsweise Dateien, Zahlen oder andere Daten, die systematisch ausgewertet werden können.

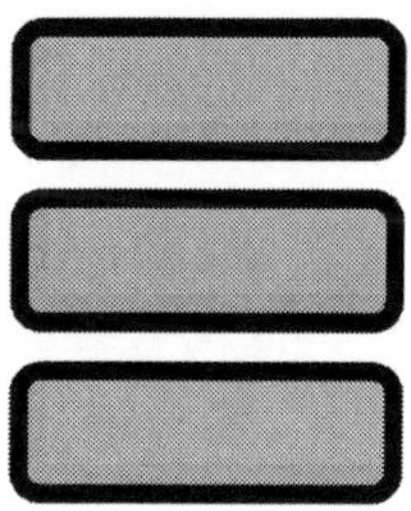

Feedback: Die Kursleitung erstellt eine Umfrage für die Teilnehmenden des Kurses bereit, beispielsweise zur Evaluation oder für anonyme Hinweise. Diese Funktion ist trotz der Anmeldung in Moodle vollständig anonymisierten.

Forum: Die Kursleitung ermöglicht eine asynchrone Diskussion zu einem bestimmten Thema. Die Teilnehmenden können eigene Beiträge anlegen und auf fremde Beiträge antworten. Das Forum wird als Ort zur Bearbeitung der Aufgaben genutzt.

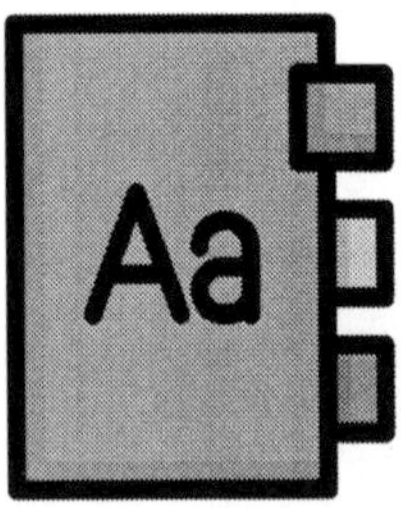

Glossar: Die Kursleitung ermöglicht es den Teilnehmenden, sortierte Listen von Abkürzungen oder Begriffen und deren Erklärungen zu sammeln. Die Begriffe können von den Teilnehmenden definiert werden.

Lektion: Die Kursleitung stellt Unterrichtsmaterial in einer Reihe von HTML-Seiten bereit. Die Teilnehmenden können das Material in beliebigem Tempo bearbeiten, Fragen beantworten und zwischendurch pausieren.

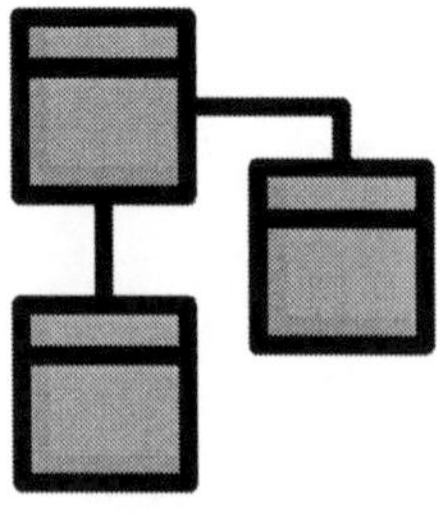

Test: Die Kursleitung stellt einen Online-Test ein, der zur Selbstkontrolle oder als Leistungsnachweis dienen kann. Der Test kann mit vielfältigen Frage-Typen gestaltet werden und zur Ermittlung des Wissensstandes eingesetzt werden.

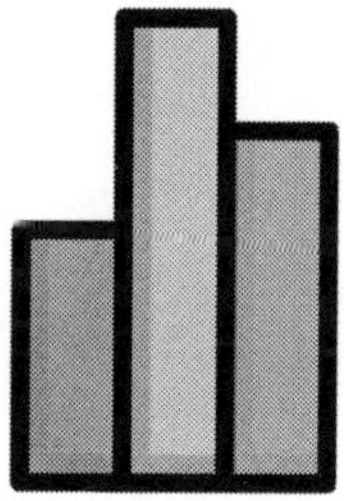

Umfrage: Die Kursleitung stellt eine von drei vorgefertigten Umfrage-Instrumenten zur Beurteilung von Online-Lernprozessen bereit. Diese Funktion kann dabei helfen, das Lernverhalten der TeilnehmerInnen zu untersuchen und daraus Rückschlüsse für die Gestaltung des E-Learning zu ziehen.

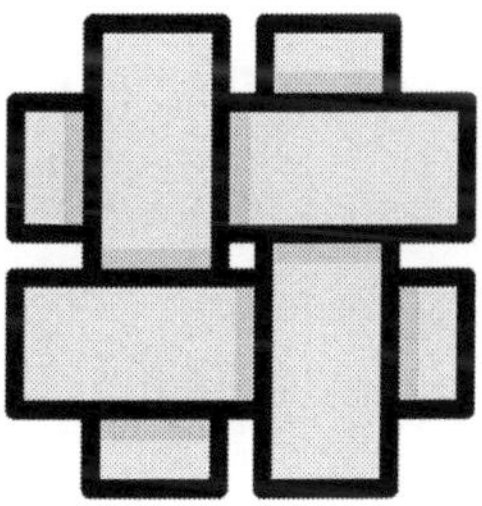

Wiki: Die Kursleitung legt einzelne Begriffe an, zu denen die Teilnehmenden einen Text erstellen sollen. Dabei ist nicht nur das Arbeitsergebnis sichtbar, sondern auch der Prozess der Entstehung des Textes.

Workshop: Die Kursleitung stellt eine Aufgabe ein, zu der die Teilnehmenden die Arbeitsergebnisse anderer Kursmitglieder beurteilen und für ihre Bewertungsleistung eine Note bekommen. Die TeilnehmerInnen können sich so gegenseitig beim Lernprozess helfen.

Neben diesen Lernaktivitäten gibt es noch zwei weitere Elemente in einem Moodle-Kursraum, mit denen die Einbindung von externen Funktionen ermöglicht wird:

Die Lernaktivität "**Externes Tool**" bietet die technische Infrastruktur, um weit verbreitete externe Inhalte, sogenannte "LTI-konforme" Ressourcen (Learning Tools Interoperability) und Aktivitäten einzubinden.

Die Lernaktivität "**Lernpaket**" bietet die technische Infrastruktur, um Lerninhalte nach dem SCORM-Standard (Sharable Content Object Reference Model) einzubinden.

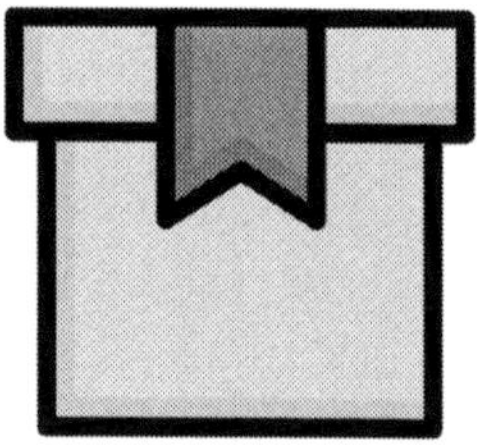

Es besteht darüber hinaus die Möglichkeit, die Funktionspalette mit weiteren Materialien und Aktivitäten zu erweitern, die als „Plugins“ im Internet verfügbar sind und in die Moodle-Installation eingebaut werden können. Innerhalb der Moodle-Community werden immer wieder neue Plugins für spezielle Einsatzzwecke entwickelt. Außerdem können geübte Moodle-NutzerInnen auch eigene Plugins entwickeln.

TEIL IV

Erfolgsfaktoren

15

Überblick

> *Stundenlange Kreativsitzungen, tagelange Workshops und ständige Detail-Anpassungen während des ersten Jahres - bis zur reibungslosen Nutzung einer Lernplattform wie Moodle vergeht normalerweise viel Zeit. Und auch nach vielen Jahren läuft die Nutzung der Lernplattform noch nicht ohne Probleme. Dabei sind viele Probleme bei der Moodle-Einführung hausgemacht und verhindern bereits in einem frühen Projektstadium den Erfolg.*

In diesem Kapitel wird ein vierstufiges Modell vorgestellt, welches die wichtigsten Erfolgsfaktoren rund um den Einsatz einer Lernplattform wie Moodle zusammenfasst. Dieses Modell hat sich bewährt und hilft Bildungseinrichtungen, ihren Entwicklungs- und Erfolgsstand bei Moodle zu erkennen und insbesondere weitere Möglichkeiten der Optimierung zu entdecken.

1. Systematische Einführung

Eine sorgfältige Planung der ersten Schritte und nötigen Vorbereitungen für einen reibungslosen Start des E-Learnings, denn die Nutzung der Lernplattform kann bereits vor ihrer „Eröffnung“ scheitern.

Dieser erste Erfolgsfaktor wird isoliert dargestellt, weil die Einführung von Moodle ohne diesen Erfolgsfaktor praktisch undenkbar ist. Viele Moodle-Einführungen scheitern, weil sich die Beteiligten innerhalb der Bildungseinrichtung keine systematischen Gedanken gemacht haben, warum sie eine Lernplattform brauchen und welche Zwecke ihre Lernplattform erfüllen soll. Außerdem ist bei vielen Moodle-Einführungen kein verbindlicher Zeitplan vorhanden, sodass die Entwicklung nach einer gewissen Zeit „im Sande“ verläuft und keine signifikanten Fortschritte mehr zu beobachten sind.

Auch die Heranführung von Dozierenden und Lernenden an diese neue Form des Lernens erfolgt vielerorts ohne die dafür zwingend erforderlichen Kapazitäten. So eignen sich zwar einzelne Technik-Enthusiasten die Grundlagen eigenständig an, sie allein können jedoch nicht die breite Masse aller Beteiligten am Bildungsprozess mitziehen. Aus diesem Grund muss sich die systematische Einführung nicht nur auf die Technik an sich, sondern auch auf seine AnwenderInnen beziehen und diese auf die Moodle-Nutzung vorbereiten.

Wenn die systematische Einführung als erster Erfolgsfaktor erreicht wurde, gewinnen drei weitere Faktoren an Relevanz, die als Grundlage zu verstehen sind und den E-Learning-Konzept ein Fundament geben. Diese sollten bei der Einführung der Lernplattform bedacht werden, lassen sich jedoch erst nach der systematischen Einführung im Einsatz etablieren und festigen:

2. Verbindlichkeit

Die verpflichtende Einbettung von Lernaufgaben in die bestehenden Lehr- und Lernprozesse der Bildungseinrichtung ist unverzichtbar – ohne gewisse Verpflichtungen verwaist die Lernplattform schnell und die Beteiligten sehen keinen Nutzen.

3. Begleitung

Die Unterstützung der Lernenden und Lehrenden beim Umgang mit multimedialen Lerninhalten – denn Moodle stellt alle Beteiligten trotz seiner leicht verständlichen und zu handhabenden Gestaltung vor neue Hindernisse.

4. Kontinuität

Die systematische und immer wiederkehrende Verknüpfung des E-Learnings mit anderen Bestandteilen des Blended-Learning-Konzepts sowie ein ständiger Rückgriff auf die Lernplattform in Wechselwirkung mit anderen Lernmethoden.

Diese drei Erfolgsfaktoren beziehen sich insbesondere auf den Zeitraum nach der eigentlichen Einführung. In der Bildungseinrichtung besteht also inzwischen eine Moodle-Installation, die nun von Lehrenden und Lernenden mit Leben gefüllt wer-den soll. Wenn einzelne der drei genannten Erfolgsfaktoren nicht umfänglich erreicht werden, ist der Erfolg der Lernplattform noch nicht automatisch in Gefahr, insbesondere weil die genannten Erfolgsfaktoren im weiteren Verlauf der Moodle-Einführung und insbesondere im täglichen Einsatz gestärkt werden können.

Allerdings sind alle drei genannten Faktoren essentiell, um den reibungslosen Betrieb der Lernplattform in der Einführungsphase und darüber hinaus zu sichern. Außerdem lassen sich alle drei Aspekte bereits vor der Einführung der Lernplattform systematisch vorbereiten und mit konkreten Maßnahmen verknüpfen. Auch bei etablierten Moodle-Installationen kann es ratsam sein, die drei genannten grundlegenden Erfolgsfaktoren einer Kontrolle zu unterziehen und zusätzliche Maßnahmen zu ergreifen, um den Erfolg des E-Learnings an der eigenen Bildungseinrichtung dauerhaft zu sichern und den Einsatz von Moodle zu optimieren.

Aufbauend auf diese drei grundlegenden Faktoren folgen zwei weitere Faktoren, die zentral für den Erfolg der Lernplattform und als Stützpfeiler des gesamten E-Learning-Konzeptes zu verstehen sind. Wenn diese Faktoren nicht erfüllt sind, ist ein Scheitern des Einsatzes von Moodle so gut wie sicher:

5. Struktur

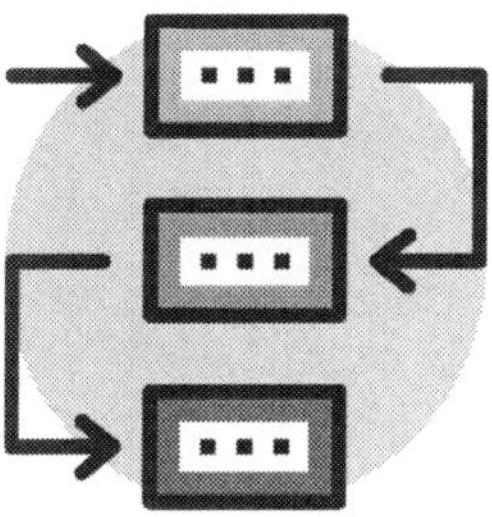

Eine Ordnung innerhalb der Lernplattform, welche den Nutzerinnen den Umgang mit Moodle erleichtert, ist unverzichtbar - denn eine unübersichtliche Gestaltung von Moodle sorgt für eine Technik-Verweigerung der Lernenden.

6. Ressourcen

Die finanzielle und personelle Ausstattung zur Pflege und Weiterentwicklung der Lernplattform muss frühzeitig bedacht werden, denn die dauerhafte Begleitung von Moodle ist zeitintensiv und ohne entsprechende Zuständigkeiten wird die Nutzung schnell der Beliebigkeit ausgesetzt. Erst wenn diese Faktoren erfüllt sind, ist die Grundlage für den Erfolg des E-Learning gelegt. Zudem lässt sich der Einsatz der Lernplattform optimieren und perfektionieren, und zwar durch zwei finale Faktoren. Diese sind sozusagen als "Krönung" zu verstehen und nicht zwangsläufig für den Erfolg von Moodle erforderlich sind, jedoch die Einsatzmöglichkeiten der Lernplattform optimal ausreizen und die Motivation der Lernenden sowie das Interesse der Lehrenden langfristig steigern:

7. Interaktivität

Die aktive Beteiligung der Lernenden bei der Entwicklung von Lernergebnissen durch die Nutzung von kollaborativen Funktionen zur Vertiefung von herkömmlichen Lernmaterialien, denn Moodle ist mehr als eine Materialablage.

8. Kreativität

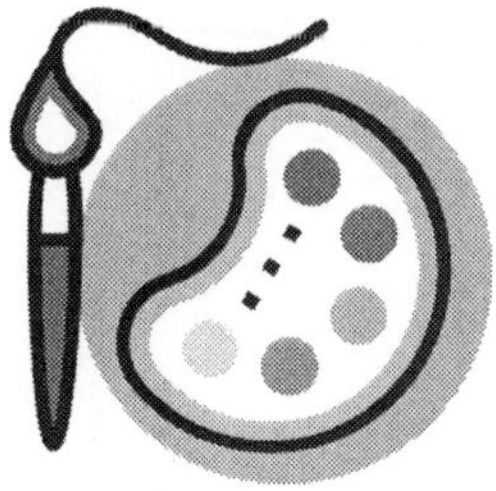

Die Gestaltung und Nutzung der interaktiven Funktionen von Moodle abseits der klassischen Einsatzszenarien ist essentiell, denn die einzelnen Lernaktivitäten von Moodle lassen sich mit guten Ideen in unbegrenzter Form einsetzen und mit neuen didaktischen Rahmenbedingungen versehen, die ursprünglich in Moodle nicht vorgesehen waren und für zusätzlichen Lernspaß sorgen.

Das vorgestellte Modell erhebt keinen Anspruch auf Vollständigkeit, wurde jedoch in jahrelanger Praxiserfahrung entwickelt und soll für Einrichtungen dienlich sein, die eine Einführung von Moodle vorbereiten oder bereits die ersten Schritte absolviert haben und ihren Plan kritisch hinterfragen möchten.

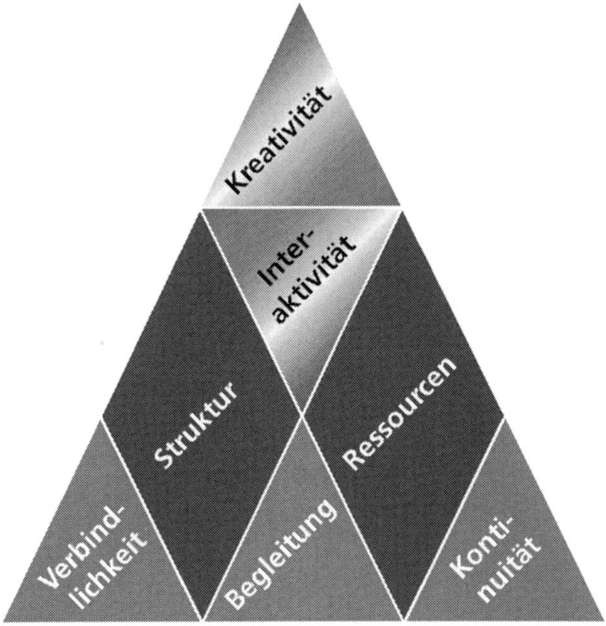

Bausteine der erfolgreichen Einführung einer
Lernplattform nach Wieschowski

16

Systematische Einführung

Aller Anfang ist schwer - auch beim Etablieren einer neuen Technologie wie einer Lernplattform in einer Bildungsstätte. Und bevor sich die Verantwortlichen über Details nachdenken können, gilt es, die Einführung der

Lernplattform möglichst problemlos gelingen zu lassen und dabei einen tragfähigen Prozess zu etablieren.

Im Folgenden sollen die einzelnen Schritte beschrieben werden, die sich bei der Einführung einer Lernplattform als nützlich herausgestellt haben. Ablauf und zeitlicher Rahmen sind als Best-Practice-Beispiel sowie als unverbindlicher Vorschlag zu verstehen und abhängig von den Ressourcen, die innerhalb der Bildungseinrichtung zur Einführung der Lernplattform aufgewendet werden können.

Es hat sich gezeigt, dass für die Einführung von Moodle üblicherweise ein Zeitraum von mindestens einem halben bis ganzen Jahr nötig ist, je nach Vorerfahrung der Lehrenden und Lernenden.

Der Prozess der Einführung ist in dem beschriebenen Modell nach einem Jahr allerdings noch nicht abgeschlossen, es folgen üblicherweise eine Evaluation des bisherigen Einsatzes sowie ein Austausch innerhalb des Teams zur Anpassung weiterer Schritte. Folgende Schritte werden bei der Einführung einer Lernplattform wie Moodle empfohlen:

Schulung der Leitung

Wenn sich eine Bildungseinrichtung auf den Weg der Moodle-Einführung machen will, sollte zu Beginn nur ein kleiner Kreis an diesem Prozess beteiligt werden. In einem ersten Schritt sollte sich die Bildungseinrichtung einen Überblick über die Funktionen und Möglichkeiten der Lernplattform verschaffen: Was kann sie, wofür ist sie einsetzbar? Besonders hilfreich sind in diesem Zusammenhang die Erfahrungen von ähnlichen Einrichtungen, die Moodle bereits eingeführt haben. Es empfiehlt sich, einen Bedarfskatalog auf Grundlage der Einsatzszenarien, die im entsprechenden Kapitel in diesem Praxis-Ordner genannt sind, zu entwickeln und insbesondere zu prüfen, welche bereits bestehenden oder künftig benötigten EDV-Funktionen in eine Lernplattform wie Moodle überführt werden könnten (z.B. Abmeldung bei Krankheit, interner Terminkalender, Mitteilungssystem).

Entscheidung über Einsatzszenarien

Auf der Grundlage der ersten Einführung sollen die Einsatzszenarien für die Lernplattform klar umrissen werden, damit im weiteren Verlauf für alle Beteiligten klar ist, welchen Zweck die Lernplattform zuerst erfüllen soll und welche Funktionen hierfür nötig sind. Hier sollte auch entschieden werden, welche Einsatzszenarien zum Start verfolgt werden und welche zu einem späteren Zeitpunkt ergänzt werden könnten – die meisten Bildungseinrichtungen nutzen die Moodle-Plattform zuerst zur Organisation und Kommunikation sowie zur Verbreitung von Lernmaterial, erst in einem späteren Schritt werden die Kursräume mit interaktiven Funktionen ausgestattet. Der Anspruch, gleich zu Beginn die Möglichkeiten des E-Learnings voll umfänglich ausschöpfen zu können, ist unrealistisch.

Einrichtung der Plattform

Auf Grundlage der vorherigen Entscheidung für konkrete Einsatzszenarien wird die technische Infrastruktur der Lernplattform eingerichtet. Dies kann wahlweise durch ExpertInnen innerhalb der Einrichtung oder mit Unterstützung von spezialisierten BeraterInnen erfolgen. Letzeres wird dringend empfohlen, da schon bei der technischen Einrichtung und vorherigen Installation der Lernplattform zahlreiche technische Details zu beachten sind, für die vertiefte Kenntnisse der Server-Administration und Datenbankverwaltung nötig sind. Erfahrene ExpertInnen setzen die Einrichtung der Lernplattform in nur ein bis zwei Arbeitstagen um, für technische Laien kann sich dieser Prozess deutlich länger gestalten oder sogar scheitern. Die Lernplattform ist vorerst nur für AdministratorInnen erreichbar, die Anmeldung von BenutzerInnen ist zu diesem frühen Zeitpunkt nicht sinnvoll.

Entscheidung über Plattformstruktur

Nach der erfolgreichen Einrichtung steht das "Grundgerüst" der Lernplattform - die technische Infrastruktur, also alle standardmäßigen Funktionen sind verfügbar, allerdings ist in der Lernplattform noch kein Kursraum zu finden. Auf Grundlage der

Entscheidung für konkrete Einsatzszenarien sowie der Struktur der Bildungseinrichtung und ihrer Bildungsangebote wird eine Binnenstruktur mit Kursräumen und Kursbereichen entwickelt, welche direkt in der Lernplattform umgesetzt werden kann. Außerdem ist es sinnvoll, zu diesem Zeitpunkt die Mitarbeitenden mit einem Moodle-Zugang auszustatten und ihnen einen Musterkursraum zu Übungszwecken bereitzustellen oder direkt die tatsächlichen Kursräume einzurichten. Es hat sich bei früheren Moodle-Einführungen bewährt, vor einer systematischen Moodle-Schulung den Dozierenden die Möglichkeit zu geben, sich unverbindlich in der Lernplattform umzusehen und je nach technischen Vorerfahrungen die Kursraum-Gestaltung auszuprobieren. Da viele Funktionen von Moodle intuitiv zu bedienen ist, werden viele BenutzerInnen mit einem soliden ersten Eindruck von der Lernplattform in eine Schulung starten.

Schulung der Mitarbeitenden

Ein Workshop für die Lehrenden sollte erst dann erfolgen, wenn die grobe Struktur der Plattform eingerichtet wurde. So lassen sich die Funktionen von Moodle unter realistischen Bedingungen entdecken, die Lehrenden bekommen einen praxisnahen Eindruck von den Möglichkeiten der Lernplattform, können einen ersten Musterkursraum gestalten und sich so spielerisch mit den Möglichkeiten vertraut machen. Dieser Musterkursraum kann auch in einen späteren Kursraum überführt werden, der in der Lehre eingesetzt werden soll. So geht die Arbeit, die in der Einführungsphase geleistet wurde, nicht verloren.

Information der Lernenden

Auf einer einrichtungsweiten Informationsveranstaltung oder mit einer gedruckten Unterlage werden die Lernenden über die bevorstehende "Eröffnung" der Lernplattform informiert. Sie können die Möglichkeit erhalten, einen Schnupperkursraum als unangemeldete Gäste zu besichtigen. An Hochschulen sowie in vielen anderen Bildungseinrichtungen ist es üblich, zur Einführung der Lernplattform eine kurze Einführung für jeden Kurs zu geben, die Plattform vorzustellen und offene Fragen zu beantworten. Außerdem wird ein kleines Handbuch mit Erläuterungen zu den wichtigsten Funktionen als PDF-Datei bereit gestellt. Da es in Verbindung mit dem Versand der Passwörter zu vereinzelten Problemen kommen wird, sollte dringend Personal bereitgehalten werden, um unkompliziert zu helfen und allen BenutzerInnen zeitnah einen Zugang zur Lernplattform zu verschaffen. Ansonsten entwickelt sich bereits vor dem offiziellen Start ein gewisser „Moodle-Frust“, der sich nur schwer beseitigen lässt.

Freischaltung der Lernplattform

Ab einem festen Datum steht die Lernplattform allen Teilnehmenden sowie den Dozierenden zur Verfügung. Es sollte zu

Beginn einen allgemeinen Bereich für alle Teilnehmenden geben, damit die BenutzerInnen die Lernplattform unter realen Bedingungen nutzen können. Wenn Kursräume bereit stehen, sollten diese mindestens einen kurzen Begrüßungstext enthalten.

Ausbau der bestehenden Kursräume

Sobald die Plattform freigeschaltet ist, geht die Arbeit erst richtig los – nachdem ein Rohbau des Kursraumes mit ersten Elementen von Anfang an für die Teilnehmenden bereit gestellt wird, können die Dozierenden die Kursräume in den folgenden Monaten stückweise ausbauen. Die in Bearbeitung befindlichen Kursbereiche werden vorerst unsichtbar geschaltet und können je nach Bedarf zu einem späteren Zeitpunkt freigeschaltet werden. Die Dozierenden entdecken schrittweise die Zusatzfunktionen der Lernplattform.

Der Prozess endet nach diesem Schritt nicht, sondern wird mit dem Ausbau und der Optimierung der Lernplattform praktisch ohne Ablaufdatum fortgesetzt.

Auf der nächsten Seite ist ein Vorschlag für den zeitlichen Ablauf eine Moodle-Einführung zu sehen. Es wird davon ausgegangen, dass die Einführung einen Zeitraum von einem Jahr in Anspruch nimmt.

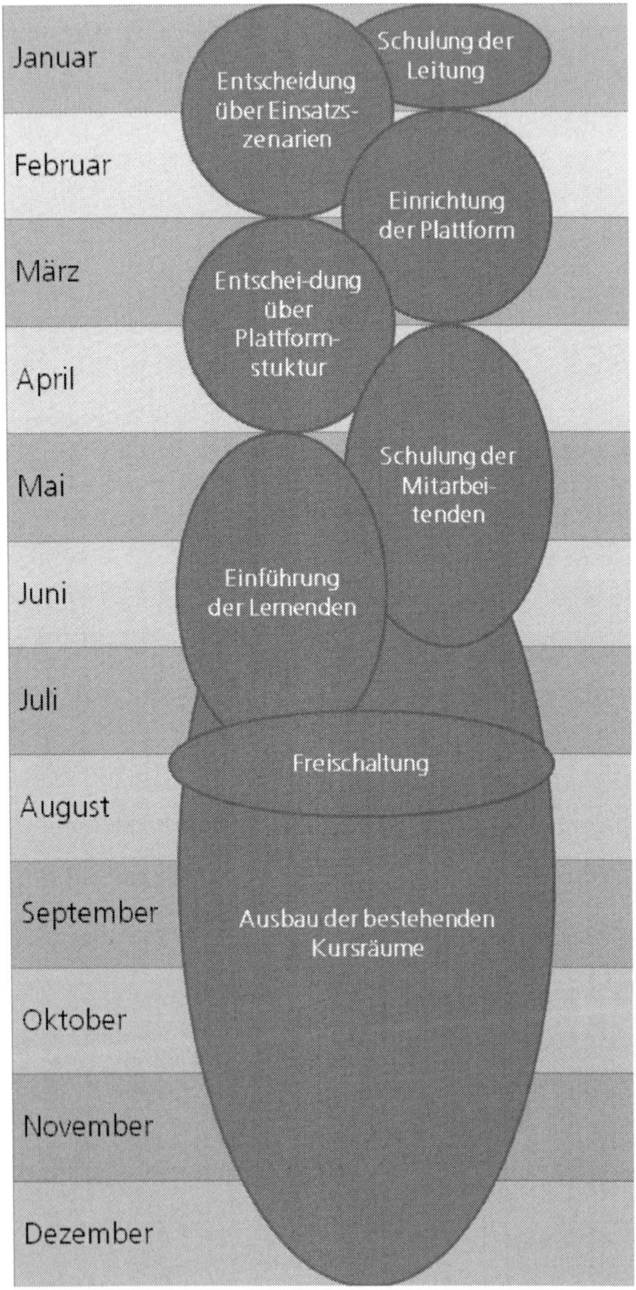
Januar
Februar
März
April
Mai
Juni
Juli
August
September
Oktober
November
Dezember
Entscheidung über Einsatzs-zenarien
Schulung der Leitung
Einrichtung der Plattform
Entschei-dung über Plattform-stuktur
Schulung der Mitarbei-tenden
Einführung der Lernenden
Freischaltung
Ausbau der bestehenden Kursräume

17

Verbindlichkeit

Interaktive Funktionen, Lernen im Internet, Arbeit mit Multimedia-Inhalten - das alles sorgt für eine hohe Motivation bei den Lernenden. Zumindest in der Theorie. Doch die meisten Lehrenden, die bereits Erfahrungen mit Moodle gesammelt haben, kennen den Anblick von

gähnender Leere in Foren, unbenutzten Wikis oder verwaisten Chaträumen - und das, obwohl sie sich viel Mühe bei derGestaltung der interaktiven Moodle-Funktionen gemacht haben.

So bitter es klingt: Damit die interaktive Lehre in Moodle funktioniert, ist auch ein gewisses Maß an Zwang nötig.

Insbesondere an Hochschulen, wo für E-Learning in den Modulhandbüchern ein bestimmtes Stundenkontingent ausgewiesen ist und mit Credit Points belohnt wird, ist die Bearbeitung von Aufgaben in der Lernplattform ein organisatorisch klar umrissener und verpflichtender Teil der Studienleistung. Das heißt: Um die Punkte zu bekommen, müssen die Aufgaben erledigt werden. Sicherlich lässt sich der Stundenaufwand nicht im Vorfeld genau bestimmen, jedoch sollte ein Mindestmaß an Aktivität über den Workload abgedeckt wer-den, der in die Berechnung der „Credit Points“ eingeht. Und auch außerhalb des Hochschulbereichs lässt sich Verbindlichkeit bei der Nutzung von E-Learning-Angeboten schaffen – wenn beispielsweise Hausaufgaben über die Lernplattform verbreitet werden.

In Bildungseinrichtungen, die auf E-Learning mit Moodle setzen, kommt es bei der Frage nach der Verbindlichkeit allerdings immer wieder zu Auseinandersetzungen. Die Gegner argumentieren, dass Druck und Zwang nicht mit einem konstruktivistischen Lernsetting in Einklang zu bringen sind, denn die Lernenden entscheiden individuell über Lernweg und Lerntempo. Und wer sich das Wissen außerhalb der Lernplattform aneignen will, darf daran nicht gehindert werden. Daher kann es keine Pflicht geben, sich an einem Wiki zu beteiligen oder einen Forenbeitrag zu einer Frage der Dozierenden zu verfassen.

Hierbei wird allerdings vergessen, dass eben diese interaktiven Funktionen in Moodle nur dann funktionieren, wenn der Kurs mitmacht. Eine Forumsdiskussion entwickelt sich erst ab einer kritischen Masse an Beiträgen und ein umfangreicher Wiki-Beitrag entsteht meist nur dann, wenn eine größere Zahl an Mitarbeitenden einen Beitrag leistet. Und wenn es den Teilnehmenden freigestellt ist, ob sie sich im Moodle-Kursraum engagieren oder nicht, tut sich in den allermeisten Fällen überhaupt nichts. Es entsteht eine gewisse Schweigespirale, jeder wartet auf den ersten Beitrag und die Aktivität der anderen.

Um Verbindlichkeit bei der Nutzung der Lernplattform zu erreichen, haben sich zahlreiche Strategien als erfolgsversprechend herausgestellt. Einige ausgewählte Maßnahmen werden im Folgenden kurz vorgestellt:

Curriculare Einbindung von E-Learning

Die Moodle-Aufgaben müssen nachvollziehbar einen Platz im Lernkonzept der Bildungseinrichtung erhalten. Ausbildungsstätten im Sozial- und Gesundheitswesen, die keine "Credit Points" vergeben, können sich dadurch behelfen, dass sie für die Bearbeitung von Aufgaben in der Lernplattform einzelne Unterrichtsstunden reservieren und den Kursmitgliedern die Möglichkeit geben, in dieser Zeit die Moodle-Aufgaben zu bearbeiten oder die DozentInnen um Hilfe zu bitten.

Online First

Um die Attraktivität von Moodle zu steigern, werden wichtige Mitteilungen zuerst in der Lernplattform veröffentlicht. Seminarausfälle werden im Nachrichtenforum publiziert und erst danach in der Bildungseinrichtung ausgehängt. So erhalten die Teilnehmenden einen echten Mehrwert in Form eines Informationsvorsprungs, wenn sie die Lernplattform nutzen.

Online Only

Bestimmte Funktionen, beispielsweise die Kommunikation mit Dozierenden, wird vollständig in die Lernplattform ausgelagert. In diesem Fall gilt innerhalb der Bildungseinrichtung die Regel, dass die Dozierenden auf E-Mails nicht reagieren und ausschließlich über Moodle erreichbar sind. Nachrichten rund um die Seminare werden in Moodle gebündelt und die E-Mail-Box der DozentInnen entlastet.

Instruktionsdesign

Die Aufgaben in Moodle sollten stets präzise formuliert werden. Anstelle einer Forenaufgabe "Schreiben Sie, was Ihnen zum

Thema 'Seele' einfällt" sollte festgelegt werden, wie eine Antwort gestaltet sein muss, damit sie als aktive Teilnahme akzeptiert wird. Rahmenbedingungen könnten Angaben wie beispielsweise "Drei Absätze" oder "Ein Pro- und ein Contra-Argument" enthalten. Schließlich wird die Diskussion nicht zum Spaß geführt, sondern ist Teil einer Aufgabe.

Fristen

Im Aufgabentext und über die Verfügbarkeit der Aktivität solle ein Ablaufdatum für Aufgaben eingestellt werden. Nach Ablauf dieses Zeitpunktes ist eine Abgabe nur noch nach Freigabe durch die Kursleitung möglich, ansonsten wird die fehlende Abgabe als nicht erbrachte Lernleistung gewertet.

Nachbesprechung

Die Kursleitung sollte durch ihren Umgang mit der Lernplattform die besondere Bedeutung des E-Learnings deutlich machen - beispielsweise durch eine Nachbesprechung. So könnten die wichtigsten Argumente aus einer Forumsdiskussion zum Unterrichtsbeginn zusammengefasst werden, bevor das Thema im Seminar weiter vertieft wird. Bei Evaluationen merken die Seminarteilnehmenden üblicherweise kritisch an, wenn ihre Moodle-Arbeitsergebnisse unkommentiert im Papierkorb landen.

18

Begleitung

> *Benutzername und Passwort eingeben, Kursraum aussuchen, Enter drücken und fertig - eine Lernplattform wie Moodle zeichnet sich durch eine leichte Bedienbarkeit aus. Die meisten Funktionen sind mit wiedererkennbaren Symbolen hinterlegt, auf der Startseite bekommen die*

Teilnehmenden nur die Kurse angezeigt, für die sie auch tatsächlich an-gemeldet sind. Trotzdem stellt die Bedienung einer Lernplattform die Nutzenden immer wieder vor neue Herausforderungen.

Damit "Moodle" nicht zu einem neuen Schimpfwort für Computer-Frust wird, ist eine umfassende Begleitung der Lernenden bei der Nutzung der Lernplattform nötig.

Es ist ein weit verbreitetes Phänomen bei der Einführung einer Lernplattform: Lernende entwickeln nach kurzer Zeit eine Abneigung gegenüber dem E-Learning, weil es technische Probleme bei der Nutzung der Lernplattform gibt oder der Überblick über Moodle verloren gegangen ist. Auch in einer Lernplattform zählt der erste Eindruck – und wenn dieser mies ausfällt, ist ein dauerhafter Schaden angerichtet und das Scheitern der E-Learning-Aktivitäten so gut wie vorprogrammiert. Häufig lässt sich für dieses Phänomen auch ziemlich leicht eine Ursache ausmachen: Die NutzerInnen werden mit der neuen Technik allein gelassen und sind mit den neuen Möglichkeiten schlichtweg überfordert.

Eine Einführung in die einzelnen Funktionen der Lernplattform ist deshalb dringend zu empfehlen, damit sich die Lernenden sorglos auf den Weg in die virtuelle Lernwelt machen. Die Bildungseinrichtung sollte ihre Teilnehmenden durch Schulungen auch ganz allgemein in der Kompetenz des IT-gestützten Lernens unterstützen. Denn diese Lernform erfordert ein hohes Maß an Selbstdisziplin und Selbstorganisation. Und die meisten

Lernenden haben keine Einblicke in die unterschiedlichen Lernstile und Lerntypen, die mit einer Lernplattform angesprochen werden.

Deshalb bieten einzelne Hochschulen im Rahmen der Erstsemestereinführung auch besondere Einführungskurse in die Arbeit mit einer Lernplattform an. Die Teilnehmenden sollten mit einer systematischen Begleitung durch die Bildungseinrichtung in die Vorteile des selbst gesteuerten und kommunikativen Lernens sowie hybrider Lernarrangements eingeführt werden, außerdem sollten die Hürden wie die ungewohnte Struktur einer Lernplattform, Verständnisprobleme bei Nutzung der Lernplattform sowie reduzierte soziale Kontakte thematisiert werden.

Für die Begleitung des E-Learnings sollte unbedingt eine zentralen Ansprechperson fest-gelegt werden, die nach Möglichkeit auch mit einem Stellenanteil und Zeitkontingent für die Lernplattform zuständig ist. Bereits der Support nimmt einen gewissen Zeitraum in Anspruch, die Weiterentwicklung und Verbesserung der Lernplattform braucht Zeit und personelle Kapazitäten, die nicht in der Freizeit erbracht werden können.

Bei der Begleitung der NutzerInnen haben sich folgende Unterstützungsmöglichkeiten als besonders hilfreich heraus gestellt:

Marketing

Der Zweck der Lernplattform wird mit plakativen Botschaften und konkreten Beispielen verdeutlicht, beispielsweise auf

Postern oder Flyern innerhalb der Bildungseinrichtung. Die späteren NutzerInnen sollen dadurch einen sympathischen ersten Eindruck von der Lernplattform erhalten.

Einführungsseminar

Zu Beginn eines Seminars sollte es einen kurzen Überblick über die wichtigsten Moodle-Funktionen geben. In Hochschulen mit berufsbegleitenden Studiengängen wird diesem Thema ein Zeitraum von mehreren Präsenztagen eingeräumt, um einzelne Funktionen auszuprobieren und einen Überblick über die Plattform zu gewinnen. Für einmalig stattfindende Weiterbildungen ist ein Zeitfenster von einer halben Stunde zur Erläuterung des Moodle-Kursraumes ausreichend.

Lerntypen-Test

Über die Aktivität "Umfrage" stehen mehrere vorbereitete Selbsttests zum Lernen mit interaktiven Medien zur Verfügung, mit denen sich die Teilnehmenden selbst einschätzen und einen Einblick in ihren Umgang mit Lernmedien erhalten können.

Benutzerhandbuch

Alle Lehrgangsteilnehmenden erhalten eine kleine Broschüre mit einer Beschreibung der wichtigsten Funktionen sowie Screenshots und weiterführenden Hinweisen.

Checklisten

Die wichtigsten Funktionen, beispielsweise die Vergabe eines Passwortes oder die Änderung des eigenen Namens in Moodle, werden auf einer A4-Seite stichwortartig zusammengefasst.

Technik-Forum

In einem Forum werden organisatorische und technische Fragen zur Lernplattform von anderen Lernenden beantwortet, bei Problemen stehen auch die AdministratorInnen im Forum bereit. Die NutzerInnen sollen ihre Fragen zuerst im Forum stellen, bevor sie die AdministratorInnen persönlich kontaktieren.

Video-Tutorials

Ausgewählte Funktionen werden in kleinen Videosequenzen erläutert und mit Beispielen verdeutlicht. Dies ist insbesondere für die interaktiven Lernaktivitäten nützlich.

FAQ-Listen

Die Fragen aus dem Technik-Forum werden in einer Frage- und Antwortliste gesammelt, bei offenen Fragen sollen die Lernenden zuerst in der FAQ-Liste schauen und erst dann ihre Frage im Forum stellen, wenn es dazu noch keinen Eintrag gibt. Häufige Fragen werden in das Benutzerhandbuch überführt.

19

Kontinuität

Der Einsatz einer Lernplattform wie Moodle ist besonders im Rahmen von Blended-Learning-Szenarien sinnvoll, also im Zusammenspiel mit anderen Lernformen. Zu Beginn eines Seminars entsteht gern ein Missverständnis, welches die Umsetzung der Blended-Learning-Idee praktisch

unmöglich macht: Die Lernplattform wird als unverbindliche Anlaufstelle verstanden, die je nach persönlichem Interesse besucht oder auch vollständig ignoriert werden kann.

Moodle ist ständiger und selbstverständlicher Begleiter der Seminarteilnehmenden und sollte regelmäßig in die Lehrveranstaltungen eingebunden werden.

Tatsächlich ist Moodle in einem intelligent gestalteten Blended-Learning-Szenario kein Werkzeug, welches nach Lust und Laune eingesetzt wird, sondern ein Treffpunkt für Lehrende und Lernende, der konsequent in den Seminaralltag eingebunden wird. Aus diesem Grund sollte bei der Konzeption von Blended-Learning-Szenarien unter Zuhilfenahme einer Lernplattform der Einsatz von Moodle durchgehend geplant werden - hierbei wird das Bildungsangebot üblicherweise als Abfolge aus Präsenzphasen und Online-Phasen verstanden.

Während in den Präsenzphasen der Unterricht mit Dozierenden vor Ort im Seminarraum stattfindet, handelt es sich bei der Online-Phase lediglich um Unterricht an einem anderen Ort, nämlich im Internet.

Und in dieser (Online)-Zeit darf es keinen Stillstand und keine gähnende Leere im Kursraum und seinen interaktiven Funktionen geben. Die Teilnehmenden sollten regelmäßig mit der Lernplattform arbeiten, dort ihre Aufgaben hochladen sowie möglichst nach jedem Präsenzseminar vertiefende Inhalte in der

Lernplattform vorfinden. Je stringenter der Wechsel zwischen Präsenz- und Onlinephasen durchgehalten wird, desto selbstverständlicher wird Moodle als dauerhafter Begleiter im Lernprozess verstanden.

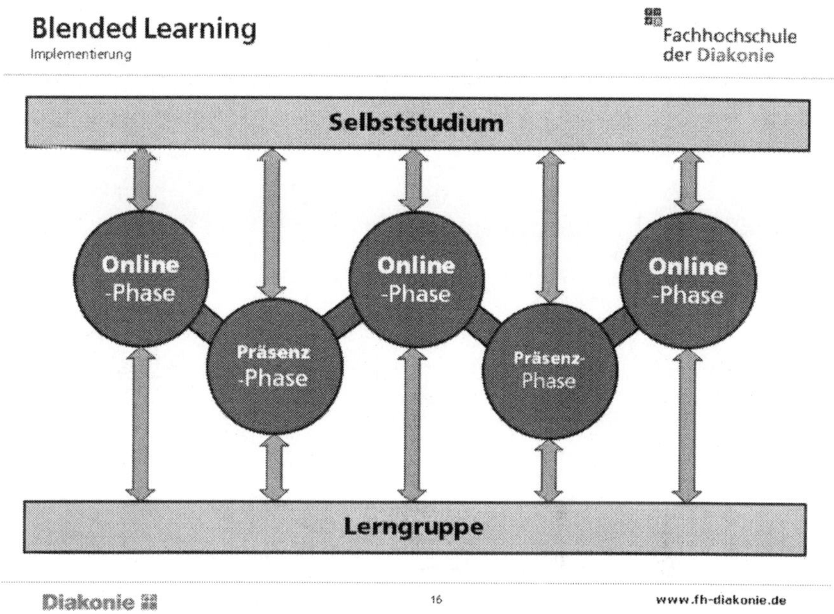

Kontinuität in einem Blended-Learning-Szenario

Das Schaubild soll verdeutlichen, wie Kontinuität in einem Blended-Learning-Szenario erreicht wird – beispielsweise in einem berufsbegleitenden Studiengang: Die Blended-Learning-Bestandteile „Selbststudium“ und „Lerngruppenarbeit“ laufen während des Bildungsangebotes dauerhaft neben der Lehre her und weisen stets Bezüge zu den Online- und Präsenzphasen auf, sodass Aufgaben aus beiden Phasen auch in einer Lerngruppe bearbeitet oder im Selbststudium erschlossen werden sollen. Die Print- und Online-Phasen wechseln sich ständig ab und sind ohne Lücke miteinander verknüpft.

Folgende Maßnahmen können die Kontinuität in einem E-Learning-Szenario stärken:

Moodle-Viertelstunde

Zu Beginn jedes Seminars gibt es eine kurze Zeitspanne von fünf bis fünfzehn Minuten, in der offene Fragen aus der Online-Phase geklärt werden. Außerdem verweist die Kursleitung in diesem Zeitfenster auf Aktivitäten in der Lernplattform, erläutert neue Aufgaben und steht für Rückfragen zur Verfügung.

Werkschau

Jede interaktive Aufgabe in der Lernplattform wird in der nächsten Präsenzphase in einem festen Teil des Seminars nachbesprochen. DozentInnen stellen besonders gelungene Arbeitsergebnisse im Seminar vor oder lassen diese von den UrheberInnen präsentieren. Auch während eines Präsenzseminars können Aufgaben in Moodle eingestellt werden, welche t im Seminar besprochen werden – der jeweils aktuelle Zwischenstand wird dann dauerhaft per Beamer im Seminarraum eingeblendet.

Seminarverlaufsplan

In einem Ablaufdiagramm werden nicht nur die Termine für die Präsenzseminare, sondern auch die Online-Phasen eingetragen. Diese Darstellung soll das Verständnis für den gleichberechtigten Wechsel zwischen Präsenzseminaren und internetgestützter Lehre verstärken.

	wissenschaftlichen Arbeiten		
Online-phase	**Webinar** Lesen und exzerpieren	Online	Aktive Teilnahme
Online-phase	**Webinar** Lernen lernen und Zeitmanagement	Online	Aktive Teilnahme
15.12.16	**MA 16_B** Rhetorik / Schreibübungen (?)	Präsenz	Aktive Teilnahme
16.12.16	**MA 16_O** Rhetorik / Schreibübungen	Präsenz	Aktive Teilnahme
16.12.16	**MA 16_B** Forschungsmethoden	Präsenz	Aktive Teilnahme
17.12.16	**MA 16_O** Forschungsmethoden / Rhetorik	Präsenz	Aktive Teilnahme
Online-phase	**Online Phase** Arbeit an den Projekten WIKI: Ergänzung zu den Zitationsregeln im Studienbrief – jede Lerngruppe mindestens ein Eintrag	Home	Selbstlernen + Gruppen-arbeit
Online-phase	**Webinar** **Datenbankrecherche**	Online	Aktive Teilnahme
12.01.17	**MA 16_B** Rhetorik / Forschungsmethoden	Präsenz	Aktive Teilnahme
13.01.17	**MA 16_B** Rhetorik	Präsenz	Aktive Teilnahme
13.01.17	**MA 16_O** Forschungsmethoden	Präsenz	Aktive Teilnahme
Online-phase	**Online Phase** **Arbeit an den Projekten** **Erstellen des Exposés**	Home	Selbstlernen + Gruppen-arbeit
Online-phase	**Webinar** **Gliedern, Schreiben, Exposè**	online	Aktive Teilnahme
Online-phase	**Webinar** **Zitieren**	online	Aktive Teilnahme

Unterscheidung zwischen Online- und Präsenzphasen
in einem Modulablaufplan an einer Hochschule.

Kursraumgestaltung

Während in der Präsenzphase auf Online-Phasen verwiesen werden soll, ist es umgekehrt auch ratsam, in Moodle den Wechsel von Präsenz- und Onlinephasen zu verdeutlichen. So könnte es unterschiedliche Abschnitte geben, die mit "Präsenzseminar" und "Onlinephase" überschrieben sind.

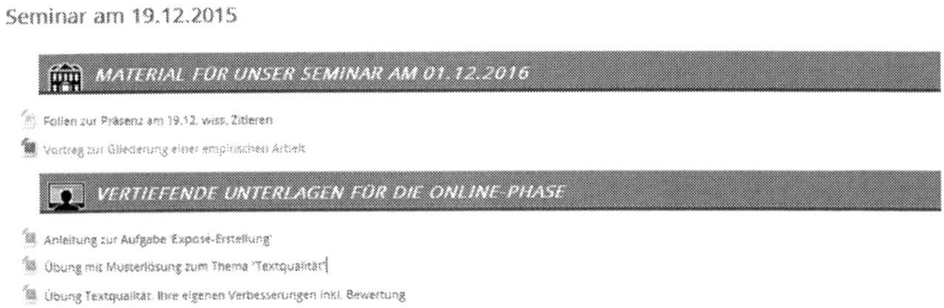

Grafische Unterscheidung von Online- und Seminarmaterial.

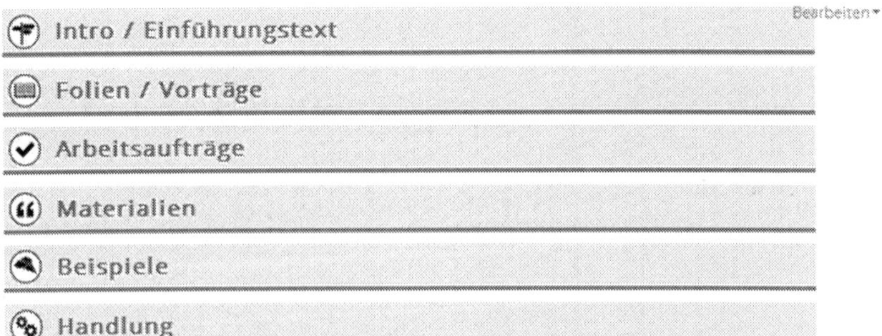

Grafische Unterscheidung von Lernmaterial in einem Moodle-Kursraum.

20

Struktur

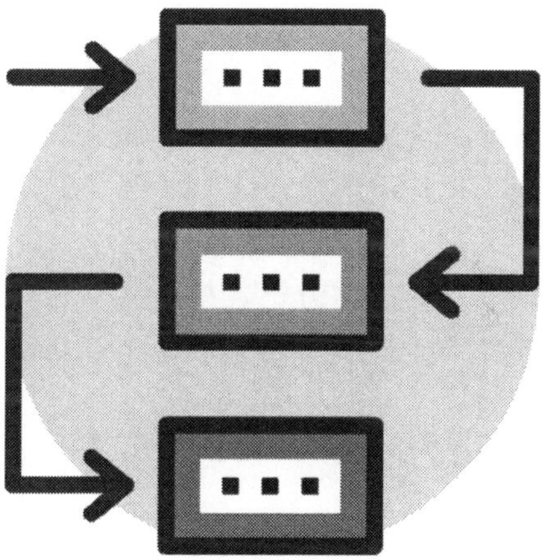

> *Der optimalen Struktur der Lernplattform wird in diesem Praxis-Ordner ein ganzes Kapitel gewidmet - diese Schwerpunktsetzung macht deutlich, dass die interne Gestaltung der Lernplattform maßgeblich über die*

Akzeptanz und den Erfolg mitentscheidet. Denn während die allgemeinen Funktionen der Lernplattform voreingestellt sind, lässt sich die Plattform selbst mit Kursen sowie Kursbereichen beliebig strukturieren.

Bereits vor der Einführung der Lernplattform sollten verbindliche Gestaltungsregeln für die Kursräume festgelegt werden – sonst kommt es zu einem Wildwuchs an Kursdesigns, welche die EndnutzerInnen nur unnötig belasten und verwirren.

Die interne Strukturierung der Lernplattform ist eine der größten Problemquellen bei der Nutzung – die meisten Bildungseinrichtungen beschränken sich auf die Bereitstellung von einzelnen Kursräumen für einzelne Seminare, doch Moodle eignet sich neben der Begleitung der Präsenzlehre noch für zahlreiche weitere Zwecke und Zielgruppen.

Die Entwicklung einer geeigneten Binnenstruktur zählt daher zu der größten Herausforderung bei der Einführung einer Lernplattform - und auch bei der fortgeschrittenen Nutzung sind stets Anpassungen an der Struktur üblich. Die einzelnen Bereiche innerhalb der Lernplattform müssen eindeutig benannt sein und in eine logische hierarchische Struktur gebracht werden, damit die Nutzenden ihren gewünschten Kursraum mit wenigen Klicks erreichen und sich nicht innerhalb der Plattform verlieren.

Zum Thema „Struktur“ gehört neben dem Aufbau von Moodle und seinen Kursen so-wie Kursbereichen auch die Klarheit über den Einsatzzweck der Lernplattform. Denn Moodle lässt sich in vielfältigen Einsatzszenarien nutzen, welche über die interaktive Lehre hinaus gehen – gelegentlich verzichten Einrichtungen komplett auf die interaktiven Funktionen und verstehen Moodle als Intranet oder Kommunikationsbasis. Diese Einsatzszenarien sollten frühzeitig ausgewählt und kommuniziert werden, damit die NutzerInnen genau wissen, was sie auf Moodle tun können und wofür die Plattform nicht eingesetzt wird.

In diesem Handbuch sind mehrere Kapitel mit über 60 Seiten der optimalen Struktur sowie Auswahl von Einsatzszenarien für die Moodle-Lernplattform gewidmet. Aus diesem Grund werden im Folgenden nur einzelne beispielhafte Maßnahmen zur Verbesserung der Struktur der Lernplattform genannt, viele weitere Ideen sind in den Kapiteln zur Struktur des Kursraumes sowie der Plattform selbst zu finden.

Kursbereiche

Grundsätzlich gibt es beim Aufbau der Moodle-Plattform zwei Möglichkeiten, um Struktur zu schaffen: Der "Kursraum" ist eine abgeschlossene Oberfläche. Mehrere Kursräume werden zu "Kursbereichen" zusammengefasst.

Die Kursräume können entweder in einen Kursbereich oder einen Kursunterbereich einsortiert werden. So kann eine hierarchische Struktur aufgebaut werden, die für NutzerInnen nicht sichtbar ist, aber dennoch hilft, eine logische Ordnung innerhalb der Plattform zu etablieren.

Kursgestaltung

Das Aussehen der einzelnen Kursräume sollte einem dauerhaft wiedererkennbaren Muster folgen, sodass es in den einzelnen Kursräumen viele wiederkehrende Elemente gibt.

Dies können Farbcodes oder Symbole sein, außerdem sollte die Anordnung der einzelnen Bereiche innerhalb der Lernplattform einem gemeinsamen Muster folgen - ist das Wichtigste oben zu finden oder unten, sind die einzelnen Bereiche nach Themen oder chronologisch geordnet? Die wichtigsten Regeln für die Kursgestaltung sollten in einem Styleguide festgehalten werden.

Landkarte

Um den Nutzenden die Orientierung innerhalb der Plattform zu erleichtern, empfiehlt sich die Erstellung eines Wegweisers oder einer Landkarte für die Binnenstruktur der Lernplattform.

So kann insbesondere deutlich gemacht werden, welche verschiedenen Bereiche abseits der Kursräume es in der Lernplattform gibt, wie die einzelnen Kursräume zueinander in Beziehung stehen und welche Nutzergruppen darauf Zugriff haben.

So haben die NutzerInnen das Gesamtkonzept der Lernplattform auch dann im Blick, wenn sie aktuell nicht für alle Kursräume freigeschaltet sind. Auf der Landkarte sollten alle Arten von Kursräumen, also beispielsweise Projektgruppenräume, Jahrgangsbereiche oder der allgemeine Bereich für alle NutzerInnen, verzeichnet sein. Eine solche Landkarte könnte folgendermaßen aussehen:

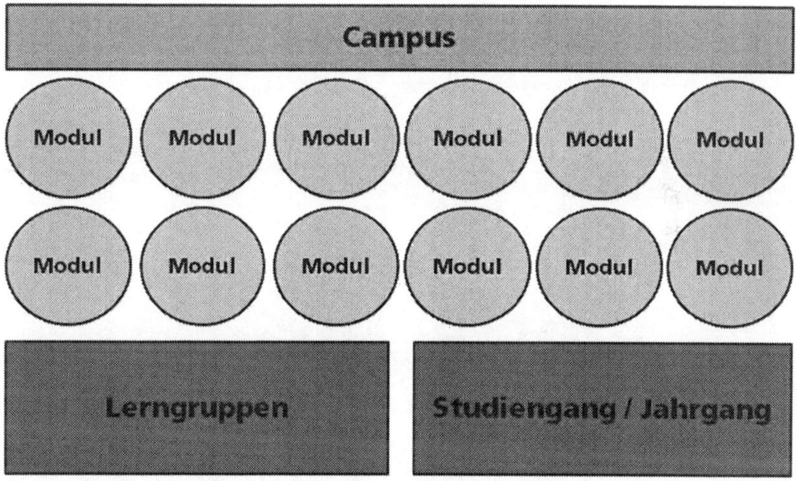

Beispiel für eine Moodle-Landkarte (bei jedem Element handelt es sich um einen Kursraum, die unterschiedlichen Formen sollen die verschiedenen NutzerInnengruppen verdeutlichen.

21

Ressourcen

> *Moodle ist auf den ersten Blick ein Rundum-Sorglos-Paket: Entwickelt als Open-Source-Lösung von dem technikbegeisterten Australier Martin Dougiamas, ist die Lernplattform kostenlos im Internet verfügbar und lässt sich auf dem hauseigenen Server installieren. Fortgeschrittene*

AdministratorInnen können die Plattform in wenigen Stunden startklar machen. Soweit die Theorie.

Damit E-Learning dauerhaft erfolgreich ist, bedarf es einer fachkundigen Pflege durch hauptamtlich zuständige AdministratorInnen – ohne zentrale Ansprechpersonen entsteht in kürzester Zeit Chaos und Frust in Moodle.

Die Installation der Plattform-Infrastruktur, die ohne entsprechende Vorerfahrungen mehrere Tage dauert und aufgrund fehlerhafter Detaileinstellungen leicht scheitern kann, ist nur der erste Schritt auf einem langen Weg, den nur die wenigsten Bildungseinrichtungen allein bewältigen können.

Die Entwicklung einer plattforminternen Struktur beansprucht üblicherweise mehrere Wochen, die Einrichtung der Kursräume gelingt selten beim ersten Versuch. Auch die tägliche Pflege der Lernplattform - von Problemanzeigen der Seminarteilnehmenden über die Einrichtung neuer Nutzeraccounts bis zur Bereitstellung zusätzlicher Funktionen - muss sichergestellt sein.

Damit der Einsatz von Moodle dauerhaft zu einem Erfolg wird, muss die Bildungseinrichtung zwangsläufig und möglichst frühzeitig klären, welche personellen und finanziellen Ressourcen sie für die Begleitung des E-Learnings bereit stellen kann.

Bei der Einführung von Moodle ist die Unterstützung durch einen externen Dienstleister sinnvoll, denn diese können mit wenigen Arbeitstagen ein Ergebnis erzielen, welches innerhalb der meisten Bildungseinrichtungen meist nur mit einem Aufwand von mehreren Wochen oder gar Monaten verbunden ist und vergleichsweise hohe Folgekosten verursacht.

Und auch bei der dauerhaften Begleitung ist eine ausreichende Man- beziehungsweise Woman-Power nötig, die sich in Form eines festen Stellenanteils sowie einer konkreten Ansprechperson manifestiert.

An Hochschulen gibt es üblicherweise eine/n Referent/in für E-Learning. Diese Person kümmert sich um die Einführung der Studierenden, die Schulung des Hochschulpersonals, die Bearbeitung von Support-Anfragen sowie die Administration.

An größeren Hochschulen übernehmen diese Aufgabe meist Mitarbeitende des Rechenzentrums.

An kleineren Schulen gibt es üblicherweise eine/n Beauftragten für IT-Fragen. Diese Person hat einen Stellenanteil, der für die Pflege der Lernplattfom reserviert ist, oder erhält eine Lehrdeputatsermäßigung.

22

Interaktivität

„In manchen Bildungseinrichtungen kehrt nach der anfänglichen Euphorie nach der Einführung von Moodle schnell Ernüchterung ein – denn das Hochladen von Dateien macht auf Dauer keinen Spaß. Dabei sind die interaktiven Elemente das Herzstück von Moodle.

Damit E-Learning dauerhaft erfolgreich ist, bedarf es einer fachkundigen Pflege durch hauptamtlich zuständige AdministratorInnen – ohne zentrale Ansprechpersonen entsteht in kürzester Zeit Chaos.

Vor allem bei der Einführung einer Lernplattform wie Moodle ist es üblich, dass die interaktiven Funktionen zuerst nur ausnahmsweise eingesetzt werden, Moodle fungiert erst einmal als externe Festplatte oder Datenserver. Und in der Tat ist die Einrichtung eines Kursraumes mit Lernmaterial aufwändig genug, sodass die Konzeption von inter-aktiven Funktionen zu Beginn leicht eine Überforderung für Dozierende darstellt.

Dauerhaft sollte jedoch keine Moodle-Plattform ohne die interaktiven Funktionen eingesetzt werden, welche den Lernprozess noch lebendiger gestalten. Der Werkzeugkasten der Lernplattform Moodle beschränkt sich nicht auf Lernmaterial wie Texte oder Power-Point-Folien, sondern umfasst auch zahlreiche interaktive Elemente wie Foren, Wikis und Tests. Sie sind das Herzstück von Moodle und aus Sicht der Entwickler ein integraler Bestandteil eines konstruktivistischen Lernsettings. Die Lernenden sollen selbst tätig werden und sich die Lerninhalte eigenständig erschließen.

Interaktive Funktionen in Moodle können mindestens drei verschiedene Zwecke erfüllen: Neben der **Organisation** von seminarbegleitenden Inhalten und Problemstellungen er-möglichen die meisten interaktiven Elemente auch die **Interaktion** zwischen einzelnen Lernenden. Sie können Wissen gemeinsam erschließen, gemeinsames **Wissen dokumentieren** und neues Wissen schaffen. Die interaktiven Funktionen bieten den technischen Rahmen für die Bearbeitung von Aufgaben, die ihren Ursprung im Präsenzseminar sowie der Selbstlernphase haben und im E-Learning vorbereitet oder vertieft werden sollen.

Bei der Auswahl einer passenden interaktiven Funktion für ein bestimmtes E-Learning-Setting gilt es insbesondere zu klären, zu welchem Zweck die Interaktion schwerpunktmäßig gewährleistet werden soll - grundsätzlich lässt sich ein einzelnes E-Learning-Szenario in technischer Hinsicht mit mehreren verschiedenen interaktiven Funktionen umsetzen, allerdings eignen sich nicht alle Funktionen gleichermaßen.

So ist es empfehlenswert, durchaus mehrere interaktive Funktionen vorab auf ihren praktischen Nutzen für das gewünschte Einsatzenario zu testen.

23

Kreativität

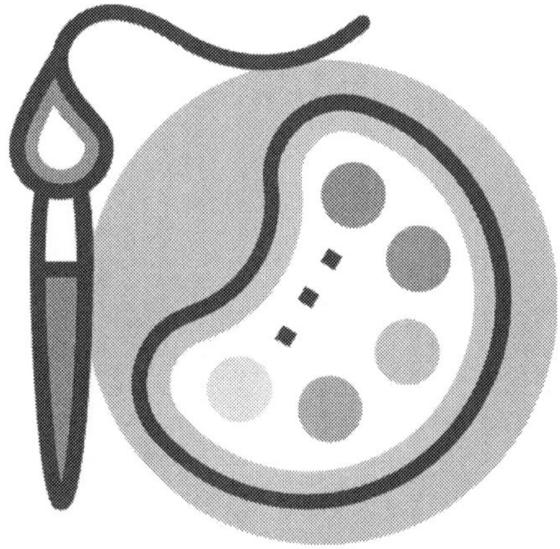

Wer sich etwas länger mit Moodle beschäftigt, wird schnell feststellen: Die Technik ist nicht das Problem, die interaktiven Lernaktivitäten lassen sich leicht konfigurieren. Die wahre Herausforderung besteht darin, kreative Ideen für die Nutzung der Technik zu entwickeln.

Bereits bei der Einführung der Lernplattform sollten innerhalb eines Teams ein kreatives Klima und regelmäßige Austauschformate geschaffen werden, um beim Einsatz von E-Learning einen hohen Innovationsgrad dauerhaft aufrecht zu erhalten.

Dozierende finden in Moodle einen Werkzeugkasten an interaktiven Funktionen vor, mit denen der Lernprozess gestaltet werden kann. Die Lernaktivitäten haben dabei meist klar umrissene Einsatzzwecke - ein Forum ist für die Diskussion geeignet, während in einem Wiki gemeinsame Texte erstellt und ausgebaut werden.

Mit Kreativität lassen sich jedoch die Lernaktivitäten "zweckentfremden" - ein Planspiel könnte mit Foren und Wikis abgebildet werden. In einem Wiki können nicht nur Sachtexte verfasst, sondern auch Arbeitsaufgaben bearbeitet werden - beispielsweise die Formulierung einer Stellenanzeige.

Mit Kreativität lassen sich in Moodle viele Fragen beantworten: Wie lassen sich die Standard-Funktionen so umgestalten, dass sie keine Standard-Aufgaben aus der Präsenzlehre reproduzieren? Wie werden die Lerninhalte spielerisch, multimedial, skaliert und für unterschiedliche Lerntypen aufbereitet? Wie ist der Lerninhalt portioniert? Diese beispielhaften Fragen machen deutlich:

> “ *Die eigentliche Herausforderung von Moodle besteht nicht in der Technik, sondern in der Didaktik. Und eben weil die Lernplattform für die meisten Lehrenden intuitiv gestaltet ist, lassen sich kreative Ideen mit wenig Aufwand in Moodle*

umsetzen - zur Freude der Lernenden sowie dem Respekt von KollegInnen.

Um Kreativität rund um den Einsatz von Moodle freizusetzen und kreative Prozesse in einem Kollegium in Gang zu setzen, bedarf es einiger Impulse von außen - Fortbildungen durch erfahrene E-Learning-Experten sind dabei nur ein Weg. Mindestens genauso wichtig ist ein fortlaufender Dialog zu besonders gelungenen Einsatzszenarien für interaktive Elemente in Moodle.

Diese können beispielsweise durch die Vorstellung von Best-Practice-Beispielen befördert werden, sodass in jeder Teamsitzung ein gelungener Moodle-Kursraum oder eine kreative Umsetzung einer interaktiven Funktion vorgestellt wird. Auch Didaktik-Tandems, bei denen Lehrende einander begleiten und kollegiale Kritik zu aktuellen Problemstellungen im E-Learning geben, gelten als nützlich.

24

Fazit

Nach der Lektüre dieses Kapitels könnte der Eindruck entstehen, dass es gar nicht so kompliziert ist, eine Lernplattform wie Moodle einzuführen oder zu etablieren. Und tatsächlich: Rein technisch ist Moodle vergleichsweise pflegeleicht.

Es sind vor allem die didaktischen Ideen und methodischen Überlegungen, die zum Erfolg führen. Frühzeitige Überlegungen und systematische Planungen ebnen auch im E-Learning den Weg zu einem erfolgreichen Einsatz von Moodle. Und wenn die genannten Erfolgsfaktoren, von denen viele sicherlich wie Selbstverständlichkeiten wirken, nachhaltig verfolgt werden, kann der Weg ins E-Learning auch vergleichsweise schnell gelingen.

Wichtig für das Verständnis der Erfolgsfaktoren ist vor allem, dass eine gesunde Mischung den Gesamterfolg von Moodle ausmacht - sicherlich haben Bildungseinrichtungen mit Kostendruck zu kämpfen, doch ohne hauptamtliche Ansprechpartner wird es nur schwer gelingen, die Lernplattform zu pflegen und weiterzuentwickeln.

Auch die Faktoren, die in der Aufzählung dieses Kapitels zuletzt aufgezählt sind, müssen nicht zwingend erfüllt sein - auch ohne ausgeprägte Kreativität lassen sich solide E-Learning-Szenarien erstellen. Doch die Lernplattform erreicht ihren größten Effekt nur, wenn sie so lebendig ist wie das Medium "Internet", über das sie erreichbar ist.

Die Zusammenstellung der Erfolgsfaktoren erhebt keinen Anspruch auf Vollständigkeit und Verbindlichkeit. Die jahrelange Arbeit mit Moodle-Lernplattformen hat jedoch gezeigt, dass alle genannten Erfolgsfaktoren vorhanden sind und grundsätzlich additiv auftreten - der Erfolg des E-Learnings ist also umso höher, je mehr Erfolgsfaktoren auf die Lernplattform zutreffen.

Das beschriebene Modell soll Bildungseinrichtungen auch im späteren Verlauf der Moodle-Nutzung dabei helfen, ihre bisherigen Stärken und Schwächen zu identifizieren und auf dieser Grundlage ihre E-Learning-Aktivitäten zu optimieren.

Grundsätzlich treten die genannten Erfolgsfaktoren auch komplementär zueinander auf, weniger stark ausgeprägte Erfolgsfaktoren (beispielsweise die Betreuung durch hauptamtlich Lehrende) können somit durch stärker ausgeprägte Faktoren (beispielsweise die Kreativität des Teams) kompensiert werden, um unterm Strich eine nachhaltige E-Learning-Kultur zu etablieren.

Allerdings ist zu beobachten, dass bereits das vollständige Fehlen eines der Erfolgsfaktoren die Erfolgsaussichten der Lernplattform stark beeinträchtigt. Es gibt also in Verbindung mit dem E-Learning mithilfe von Moodle viele Baustellen, die es gemeinsam mit Lehrenden und Lernenden zu beseitigen lohnt. Die vorliegende Auflistung möglicher Erfolgsfaktoren soll dabei eine praktisch anwendbare Hilfestellung geben.

TEIL V

Plattformstruktur

25

Überblick

Nach der Installation einer Moodle-Plattform finden die Angehörigen der Bildungseinrichtung eine völlig blanke Plattform vor - die Standardfunktionen sind vorhanden, es gibt allerdings keine Kursräume oder Kursbereiche.

Die meisten Bildungseinrichtungen beschränken sich auf die Bereitstellung von einzelnen Kursräumen für einzelne Seminare, doch Moodle eignet sich neben der Begleitung der Präsenzlehre noch für zahlreiche weitere Zwecke und Zielgruppen.

Die Entwicklung einer geeigneten Binnenstruktur zählt daher zu der größten Herausforderung bei der Einführung einer Lernplattform - und auch bei der fortgeschrittenen Nutzung sind stets Anpassungen an der Struktur üblich.

Bei der Einrichtung von Moodle sollten die Angehörigen der Bildungseinrichtung ihre Lernplattform als Baukasten verstehen

- es lassen sich beliebig viele Kursräume sowie Kursbereiche einrichten und ebenfalls beliebigen NutzerInnen zuweisen. Diese können entweder einzeln oder in Gruppen in einen Kursraum eingetragen werden. Im Klartext: Normalerweise können nicht alle Teilnehmenden auf alle Kursräume zugreifen, ihr Zugriff wird je nach Bedarf zugeschnitten. Und hier sind abseits der einzelnen Seminare vielfältige Einsatzszenarien denkbar – je nach Organisationsform der Bildungseinrichtung sollten einzelne Räume zur Organisation bereit gestellt werden, daneben eignen sich Moodle-Kursräume auch zur Begleitung von Projekten.

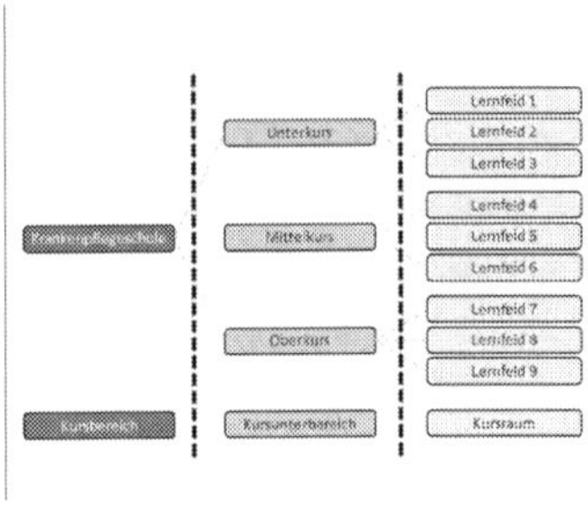

Beispielhafte Struktur für eine Krankenpflegeschule.

Grundsätzlich gibt es beim Aufbau der Moodle-Plattform drei Möglichkeiten, um Struktur zu schaffen:

1. Kursraum

Der "**Kursraum**" ist eine abgeschlossene Oberfläche, in der Lernmaterialien und Lernaktivitäten hinterlegt werden. Der Kursraum ist für einen Teil aller NutzerInnen freigeschaltet. Die meisten NutzerInnen sind in mehr als einem Kursraum angemeldet. In technischer Hinsicht besteht Moodle aus vielen gleichberechtigt nebeneinander existierenden Kursräumen.

2. Kursbereiche

Um die vielen Kursräume, die sich im Laufe der Zeit in einer Lernplattform ansammeln, in eine nachvollziehbare Ordnung zu bringen, können mehrere Kursräume zu "**Kursbereichen**" zusammengefasst werden. Der Kursbereich gibt also eine erste Struktur vor. Standardmäßig gibt es in Moodle einen Kursbereich „Verschiedenes“, der jedoch umbenannt werden kann. Außerdem ist es sinnvoll, neben diesem voreingestellten Kursbereich noch weitere Kursbereiche einzurichten. Die Teilnehmenden sehen die Kurse sowie Kursbereiche mit den jeweiligen Kursleitungen sowie einer kleinen Beschreibung der Kurse.

3. Kursblöcke

Auch innerhalb der Kursbereiche sind Abstufungen möglich, sodass mehrere **„Kursblöcke“** in einem Kursraum angelegt werden können. Diese fungieren als Feingliederung der übergeordneten Kursbereichsstruktur.

Es ist empfehlenswert, vor der eigentlichen Einrichtung einer Lernplattform einen Strukturbaum zu erstellen, welcher die unterschiedlichen strukturgebenden Elemente innerhalb von Moodle abbildet.

Jeder Kursraum kann in einen Kursbereich einsortiert werden, wobei es in den Kursbereichen mehrere Gliederungsebenen geben kann.

So wird eine hierarchische Struktur entwickelt, die den NutzerInnen von Moodle hilft, sich innerhalb der Plattform besser zurecht zu finden. Ein Kursraum ist in jedem Falle mindestens einem Kursbereich zugewiesen. Er kann nicht mehreren Kursbereichen gleichzeitig zugewiesen sein.

Die Zuordnung von Kursen zu einzelnen Kursbereichen kann nachträglich jederzeit geändert werden, sodass beispielsweise ein Hochschulmodul, welches über zwei Semester angeboten wird, nach Abschluss des Wintersemesters in den Kursbereich für das Sommersemester geschoben werden kann.

Für eine Sprachenschule kann ein Kursbereich „Sprachen“ eingerichtet und mit Kursunterbereichen „Europäische Sprachen“, „Asiatische Sprachen“ sowie „Afrikanische Sprachen“ versehen werden, in den Kursunterbereichen sind dann die Kursräume der jeweiligen Sprachen zu finden.

Die Einrichtung von Kursbereichen ist den AdministratorInnen vorbehalten und im Bereich „Website-Administration -> Kurse“ möglich – hier ist die Funktion „Neuen Kursbereich anlegen“ zu finden, außerdem können hier Kursbereiche bearbeitet oder verschoben werden.

Die maximale Bereichstiefe mit Kursbereichen und darunter liegenden Kursunterbereichen ist variabel und kann von AdministratorInnen beliebig erweitert werden. Die Zuordnung zu einem Kursbereich kann von TrainerInnen nicht nachträglich verändert werden.

26

Entwicklung einer geeigneten Struktur

Damit sich die Angehörigen der Bildungseinrichtung in ihrer Lernplattform zurecht finden, sollte eine Struktur gewählt werden, welche auch der Struktur der Bildungseinrichtung außerhalb des Internets entspricht – bei einer Hochschule wären als Kursbereiche beispielsweise die einzelnen Studiengänge, bei einer Bildungseinrichtung mit mehreren Bildungsgängen die einzelnen Bildungsgänge wie Fachschule oder Weiterbildung geeignet.

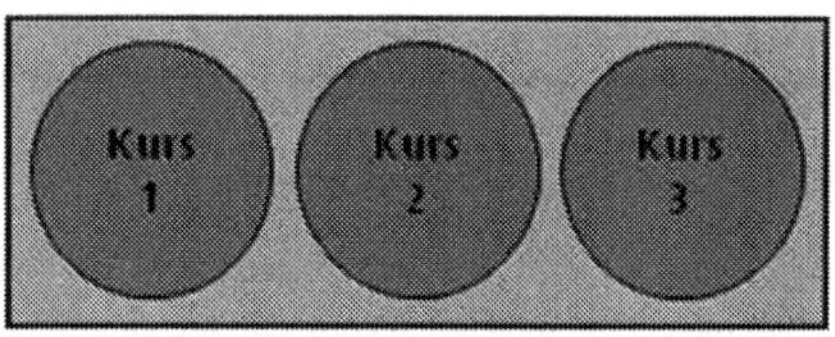

Zu Beginn der Nutzung einer Lernplattform stehen mehrere Kursräume nebeneinander und werden noch nicht in Kursbereiche oder gar Kursunterbereiche einsortiert.

Als Kursunterbereiche kommen die jeweiligen Organisationseinheiten in Frage, also bei einem Studiengang entweder die einzelnen fachlichen Schwerpunkte (Lernfelder, Profile) oder die Studienhalbjahre (Winterhalbjahr/Sommerhalbjahr). Die Kursbereiche und Kursunterbereiche fungieren sozusagen als Wegweiser durch die Lernplattform. Sie sind auch in jedem Kursraum sichtbar, sodass die Teilnehmenden stets wissen, in welchem Bereich der Plattform sie sich befinden und wie sie dort hingelangt sind.

Es ist empfehlenswert, bei der Planung der Moodle-Plattform zuerst eine Schemazeichnung zu entwickeln, da ansonsten viel Umbau-Arbeit nötig ist, um die bestehende Struktur einer Lernplattform nachträglich anzupassen und dutzende Kursräume zu verschieben. Hierbei gilt es insbesondere zu prüfen, welche Gruppierungen sich in der Lernplattform befinden und welche Einsatzzwecke die einzelnen Kursräume erfüllen sollen – neben der klassischen Lehre wären hier auch viele entfernte Einsatzszenarien möglich.

Üblicherweise beginnen die meisten Bildungseinrichtungen damit, einzelne Kursräume einzurichten und je nach Bedarf weitere Kurse daneben hinzuzufügen. Eine Struktur mit Kursbereichen und Kursunterbereichen gibt es vorerst nicht. Die einzelnen Kurse sind also nicht besonderen Kursbereichen zugewiesen, sondern existieren nebeneinander in der Lernplattform.

Grundsätzlich ist eine Moodle-Lernplattform auch ohne Kursbereiche einsetzbar, allerdings wird diese Ordnung nur bis zu einer

Menge von etwa zehn Kursräumen nützlich sein - danach ist es empfehlenswert, die Kursräume zu einem Seminarbereich zusammenzufassen und diesen auch zu unterteilen. So wird die Navigation für Teilnehmende und die Administration für Lehrende erleichtert.

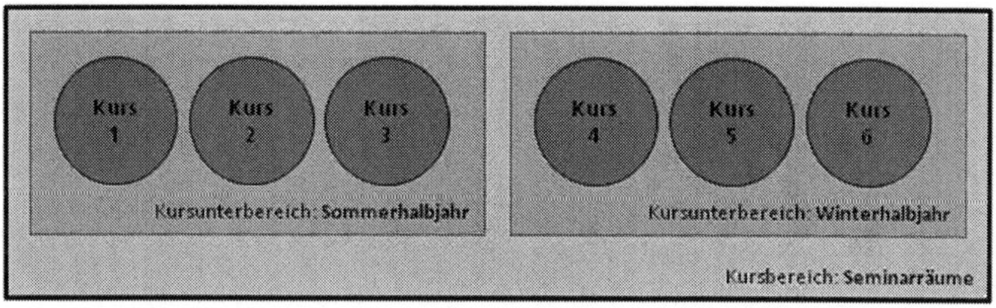

Ab etwa zehn Kursräumen ist es sinnvoll, eine erste Gliederungsebene einzurichten - in diesem Fall werden die Kursräume nach "Sommerhalbjahr" und "Winterhalbjahr" sortiert.

In dem Beispiel, welches auf diesen Seiten zur Illustration dargestellt wird, gab es zuerst mehrere einzelne Kurse innerhalb einer Hochschule, die dann nach Sommer- und Winterhalbjahr sortiert werden. Sonstige Einsatzzwecke für die Lernplattform waren vorerst nicht geplant, die NutzerInnen mussten auf der Suche nach einem Kurs also nur wissen, ob dieser im Sommer oder im Winter stattfindet.

Da künftig auch noch andere übergeordnete Kursbereiche geplant werden, sind sowohl die Kurse des Sommerhalbjahrs als auch des Winterhalbjahrs in einem eigenen Kursbereich mit dem Namen „Seminarräume“ zusammengefasst. Dieser Kursbereich ist somit eine abgeschlossene Einheit und dient den Teilnehmenden zur Orientierung, insbesondere in Abgrenzung zu den übrigen Kursbereichen, die später eingerichtet werden.

Denn die Leitung der Bildungseinrichtung möchte nicht ausschließlich Kursräume für die einzelnen Seminargruppen vorhalten, sondern auch den übergreifenden Austausch zwischen den Mitgliedern der Einrichtung ermöglichen. Dies ist eine übliche Ergänzung nach der erfolgreichen Einführung einer Lernplattform sowie einer Erprobung der Seminarräume.

Da der Austausch in den neuen Austauschräumen nicht mit bestehenden Kursbereichen in Verbindung steht (also nicht Teil der eigentlichen Seminare ist), werden insgesamt drei verschiedene Kursbereiche in der Lernplattform eingerichtet – neben dem Kursbereich „Seminarräume“ gibt es einen „Austauschbereich“, in dem es einen Unterbereich für die Jahrgänge sowie einen für die Lerngruppen gibt, sowie einen Bereich „Allgemeines“ – in diesem Bereich haben alle Moodle-Nutzerinnen den Zugriff auf den „Campus“-Kursraum, in die Projekt- und Arbeitsgruppenräume werden nur einzelne Mitglieder eingetragen.

Zum logischen Verständnis der Strukturierung einer Bildungseinrichtung in einem E-Learning-Setting ist der technische Hintergrund der Struktur von Moodle relevant: Die Kursräume sind eigentlich hierarchielos, die Lernplattform erhält erst durch Kursbereiche und Kursunterbereiche eine innere Struktur. Die unterschiedlichen Hierarchiestufen der Kursräume entstehen zudem durch die unterschiedlichen Teilnehmendenkreise, welche in die einzelnen Kursräume eingeschrieben werden:

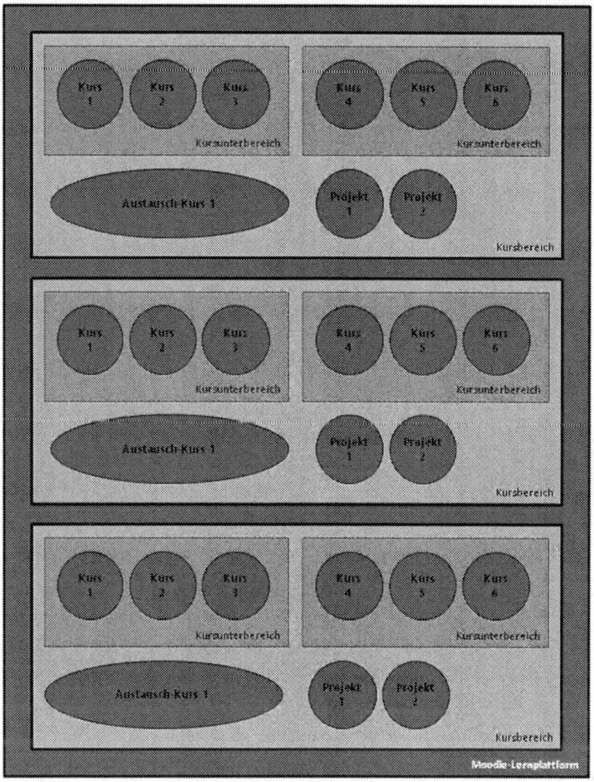

Struktur der Moodle-Plattform einer Hochschule. Jeder Kreis steht für einen Kursraum, die Kästen zeigen Kursbereiche sowie Kursunterbereiche an.

Den Kursraum „Campus“ können alle Studierenden einsehen, die Räume für Projekte und Arbeitsgruppen wurden nur für fünf bis zehn Gruppenmitglieder freigeschaltet und im Jahrgangskursraum dürfen alle dreißig bis fünfzig Angehörige eines Studienjahrgangs kommunizieren.

Es ist empfehlenswert, vor der Einführung einer Lernplattform die Bezeichnung der einzelnen Hierarchiestufen verbindlich festzulegen – sonst kann es bei der Unterscheidung zwischen „Kursbereichen“, „Kursräumen“ und „Kursabschnitten“ schnell zu Mißverständnissen kommen. Hierbei sind durchaus auch Benennungen denkbar, die von der offiziellen Nomenklatur der Bildungseinrichtung abweichen.

Ein Kursraum erhält erst durch die Zuordnung zu Kursbereichen und Kursunterbereichen sowie durch den Zuschnitt des BenutzerInnen-Kreises seine Widmung als „allgemeiner“ oder „interner“ Bereich. Dies wird auch in dem abgebildeten Beispiel deutlich, wo die runden Elemente jeweils für einen einzelnen Kursraum stehen – jedoch mit sehr unterschiedlichen Zielgruppen.

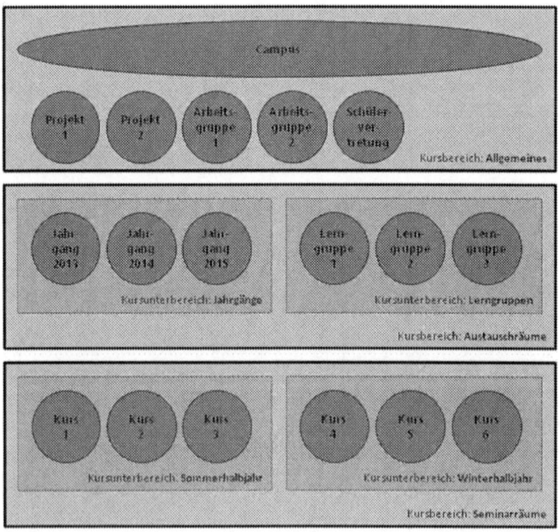

In diesem Beispiel verfügt die Lernplattform über drei Kursbereiche.

Lebenszyklus eines Kursraumes

Auch wenn diese Frage auf den ersten Blick nicht direkt mit der Plattformstruktur in Zusammenhang steht, sollte bei der Einrichtung einer Lernplattform frühzeitig geklärt werden, welche Kurse und Kursbereiche dauerhaft bereitgestellt werden und welche nach einem gewissen Zeitraum gesichert und gelöscht werden.

Ein verantwortungsvoller Umgang mit Serverkapazität und eine stringente Ordnung innerhalb der Lernplattform ist in den meisten Einrichtungen geboten und dringend notwendig, um Kosten zu sparen und die Struktur der Plattform nicht zu umfangreich werden zu lassen.

Die Problematik soll am Beispiel eines Moduls (beispielsweise „Einführung in Forschungsmethoden“) verdeutlicht werden, welches an einer Hochschule in mehreren Studiengängen separat angeboten wird und jedes Jahr aufs Neue stattfindet. Für dieses Modul gibt es einen Kursraum, welcher in allen Studiengängen zum Einsatz kommen soll.

Grundsätzlich lassen sich drei Varianten bei der Bereitstellung und Sicherung beobachten, die allesamt direkte Auswirkungen auf die Plattformstruktur der Moodle-Lernplattform haben. Im Folgenden werden die unterschiedlichen Varianten beschrieben und mit beispielhaften Auswirkungen auf die Plattformstruktur verdeutlicht.

1. Variante

> *Die Vorlage für den Kursraum wird für jeden Bildungsgang kopiert, es werden ausschließlich die Mitglieder des jeweiligen Studiengangs und Jahrgangs in den einzelnen Kursraum eingeschrieben. Es gibt also mehrere Kursräume mit identischen Inhalten. Nach einem Jahr wird der Kursraum gesichert und gelöscht.*

Diese Variante schont die Serverkapazität und sorgt dafür, dass jeder Kurs tatsächlich auch nur das sieht, was für ihn jeweils aktuell und relevant ist. Allerdings müssen die Seminarteilnehmenden nach Abschluss des Seminars rechtzeitig alle relevanten Inhalte sichern, da sie sonst keinen Zugriff mehr auf die Unterlagen haben. Die AdministratorInnen müssen die Kurssicherungen auf externen Datenspeichern ablegen und bei Bedarf alte

Sicherungen wiederherstellen, wenn einzelne Kursinhalte nach der Sicherung und Deaktivierung erneut benötigt werden.

Wenn diese Variante gewählt wird, sollte neben den aktuellen Modul-Kursräumen auch ein Archivbereich eingerichtet werden, in den die wichtigsten Inhalte des Kursraumes überführt werden (beispielsweise Studienbriefe oder Powerpoint-Präsentation). Dieser Archivbereich wird dauerhaft verfügbar gemacht, während die einzelnen Modul-Kursräume nach Ablauf eines Jahres gesichert und deaktiviert werden. Diese Variante ist wohl am Häufigsten verbreitet beim Einsatz von Moodle im schulischen und betrieblichen Bereich.

2. Variante

> *Die einzelnen Kursräume des Moduls werden nicht gelöscht, sondern dauerhaft in Moodle bereit gehalten. Die Mitglieder eines Bildungsganges haben also einen ständigen Überblick über das gesamte Seminarmaterial sowie bereits absolvierte sowie bevorstehende Kurse. Der vollständige Studienverlaufsplan wird in der Kursübersicht von Moodle abgebildet.*

Diese Variante ist deutlich benutzerfreundlicher, denn die einzelnen Kursräume fungieren nach Abschluss der Seminare als Archiv und Dokumentation von Lerninhalten sowie Lernfortschritten. Diese Variante nimmt je-doch ein Vielfaches der üblichen Serverkapazität in Anspruch, weil Kursräume mit identischen Inhalten gleich mehrfach vorgehalten und dauerhaft auf dem Server belassen werden.

Um die Serverkapazität zu schonen, sollten mehrfach verwendete Dateien lediglich einmal in den „Eigenen Dateien“ der Kursleitung abgelegt und von dort in die unterschiedlichen Kursräume eingebunden werden. Dadurch bleiben in den unterschiedlichen Kursräumen nicht veraltete Versionen von ein und derselben Datei liegen, da sie beim Aktualisieren in den „Eigenen Dateien“ in allen Kursräumen automatisch ausgetauscht werden.

Um die Vorzüge beider Varianten – geringe Serverbelastung und dauerhafte Bereitstellung von Lerninhalten – zu kombinieren, wird im Folgenden eine intelligente und kaum verbreitete Alternative beschrieben:

3. Variante

> *Zu jedem Modul gibt es einen einzigen "Master"-Kursraum in Moodle, der dauerhaft sichtbar ist. Alle Jahrgänge, die das Modul belegen müssen, werden in diesen Kursraum eingetragen und als Gruppen angelegt. Alle Funktionen werden mit dem Gruppenmodus "Getrennte Gruppen" versehen. Alle Inhalte, die nur einzelnen Studiengruppen vorbehalten sein sollen, werden mit der Funktion „Bedingte Verfügbarkeit“ nur den So ist es für die einzelnen Jahrgänge*

praktisch nicht zu erkennen, dass sich in ihrem Kursraum noch andere Lernende aus anderen Jahrgängen oder Studiengängen befinden.

Diese Variante ist empfehlenswert, weil sie die Serverkapazität entlastet - die einzelnen Kursräume gibt es jeweils nur einmal in der Lernplattform, es wird also nicht - wie bei Variante 1 und 2 - Inhalt mehrfach vorgehalten. Der „Master"-Kursraum wird dauerhaft bereitgestellt. Bei dieser Variante ist es nicht nötig, die Moodle-Lernplattform in Kursbereiche und Kursbereiche entsprechend der einzelnen Studiengänge zu unterteilen.

Allerdings muss beispielsweise geklärt werden, ob die Arbeitsergebnisse aller Jahrgänge dauerhaft im Kursraum bereitgestellt werden sollen – normalerweise sind bei dieser Variante alle Arbeitsergebnisse früherer Kursmitglieder sichtbar, sodass der Kursraum von Jahr zu Jahr immer mehr Serverspeicher in Anspruch nimmt. Hier kann es ratsam sein, frühere Beiträge von zurückliegenden Jahrgängen nach mehreren Jahren zu archivieren und zu entfernen.

IM FOLGENDEN WERDEN beispielhafte Bereiche vorgestellt, die Teil einer Moodle-Lernplattform sein können. Mit „Bereich" ist in diesem Fall jeweils ein einzelner Moodle-Kursraum gemeint, der für bestimmte Gruppen und konkrete Einsatzzwecke innerhalb der Lernplattform bestimmt ist.

28

Allgemeiner Bereich

Jede Moodle-Plattform sollte über einen allgemeinen Bereich verfügen, der als Treffpunkt für alle NutzerInnen der Plattform dient - dieser Bereich, der beispielsweise "Campus" oder "Allgemeines" heißen könnte, ist also sowohl Lernenden als auch Lehrenden zugänglich.

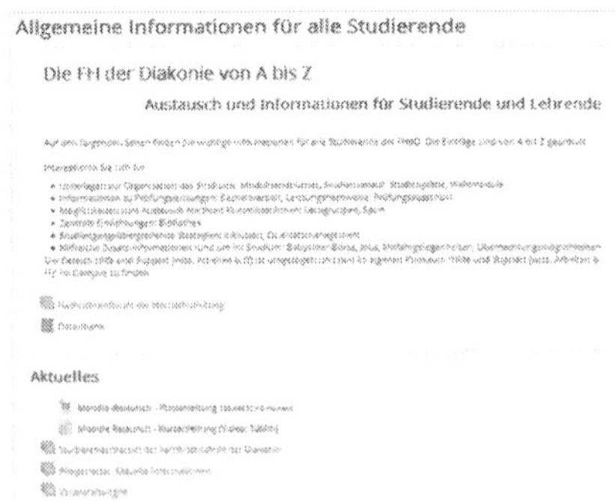

Überblick über die Inhalte des "Allgemeinen Bereichs für alle Studierenden" der Fachhochschule der Diakonie.

Nachrichten der Einrichtungsleitung

Im allgemeinen Bereich sollte es ein zentrales Forum geben, welches der Einrichtungsleitung für wichtige organisatorische Mitteilungen vorbehalten ist. Anstelle von Rundmails kann die Einrichtungsleitung über das Forum auch auf wichtige Termine sowie Änderungen hinweisen. Andere Nutzende können in diesem Forum nichts schreiben, sie finden aber alle wichtigen Mitteilungen an einem zentralen Ort vor und können sich schnell einen Überblick über die neuesten Entwicklungen in der Bildungseinrichtung verschaffen.

Verbreitung von allgemeinen Unterlagen

Der allgemeine Bereich ist für die Bereitstellung von Unterlagen dienlich, die von allen NutzerInnen benötigt werden. Dies könnten beispielsweise Anmeldeformulare, Krankmeldungen oder Studienordnungen sein. Die Unterlagen werden in allgemeinen Bereich an zentraler Stelle gesammelt und durch die jeweils aktuellen Versionen ersetzt.

Schwarzes Brett

Um den Teilnehmenden einen praktischen Nutzen zu bieten und sie zu eigenen Beiträgen zu animieren, sollte es mehrere Foren mit hilfreichen Austausch-Möglichkeiten geben, beispielsweise ein Schwarzes Brett für An- und Verkaufsangebote, Mitfahrgelegenheiten oder Babysittern. Hierfür ist es sinnvoll, auch die Mitglieder der Bildungseinrichtung selbst zu befragen, um zusätzliche Unterstützungsmöglichkeiten durch Austauschforen zu schaffen.

Presseschau

In einem Forum oder einer Datenbank werden Links zu Presseveröffentlichungen gesammelt, die für die Angehörigen der Bildungseinrichtung relevant sind. In diesem Forum oder der Datenbank werden zudem alle Zeitungsartikel verlinkt, in denen Angehörige der Einrichtung zu Wort kommen.

Veranstaltungskalender

In einer Datenbank oder über die integrierte Kalenderfunktion können alle einrichtungsweiten Termine zentral gesammelt werden, parallel ist auch ein Upload von dazu passenden Unterlagen möglich.

Übernachtungsmöglichkeiten

In einer Datenbank werden die wichtigsten Pensionen oder Hotels rund um die Bildungseinrichtung gesammelt, die Teilnehmenden der Seminare können eigene Tipps eintragen oder ihre eigene Wohnung anbieten. In einem zusätzlichen Forum können

Erfahrungen rund um die Übernachtungsmöglichkeiten ausgetauscht werden.

Jobbörse

Als besonderen Service könnte die Einrichtung ein Forum einrichten, welches für die Sammlung von aktuellen Jobangeboten vorbehalten ist. Hier können die NutzerInnen auf passende Jobangebote hinweisen, die Einrichtungsleitung kann parallel auf Ausschreibungen von befreundeten Einrichtungen hinweisen. Diese Funktion wird entweder so konfiguriert, dass nur MitarbeiterInnen der Bildungseinrichtung hier Jobangebote einstellen können, alternativ kann diese Funktion auch für einzelne NutzerInnengruppen (z.B. Alumni) freigeschaltet werden.

Plauder-Lounge

In einem Chat können sich alle Angehörigen der Bildungseinrichtung in Echtzeit austauschen. Um die Bereitschaft zur Chat-Teilnahme zu erhöhen, sollten wöchentliche Schwerpunkt-Themen und Kern-Zeiten für die Chattreffen festgelegt werden.

Social Bookmarks

In einer Datenbank könnten die NutzerInnen hilfreiche Links rund um die Bildungsangebote mit einer kurzen Beschreibung sammeln, andere NutzerInnen können diese Linktipps kommentieren. Durch eine Schlagwortliste sollten alle Links leicht zu durchsuchen sein. Eine solche Linkliste ist beispielsweise für hilfreiche Recherchequellen nützlich.

*“ **Best Practice:** „Wo finde ich denn …?“ „Wie funktioniert …?“ Viele Fragen rund um die Lernplattform tauchen immer wieder aufs Neue auf und können auf Dauer für die AdministratorInnen ziemlich anstrengend sein. Deshalb ist es empfehlenswert, in-nerhalb der Bildungseinrichtung eine Regel zu etablieren, nach der Technikfragen grundsätzlich nicht per Mail geklärt werden. In einem gesonderten Technikforum sollten alle technischen Rückfragen der Nutzenden gesammelt werden. Außerdem können hier die AdministratorInnen auf Störungen rund um die Lernplattform reagieren. Alle NutzerInnen, die sich nicht an diese Regel halten, sollten mit einem Link auf das Technikforum verwiesen werden. Die AdministratorInnen können somit den Betreuungsaufwand für die Moodle-Plattform reduzieren und kollaboratives Arbeiten anregen.*

29

Kurs-Bereich

Die einzelnen Kursräume sind zweifelsohne das Herzstück einer jeden Moodle-Plattform - in diesen einzelnen "virtuellen Klassenzimmern" sind nur die jeweiligen Kursteilnehmenden eingetragen und können untereinander kommunizieren sowie Unterlagen herunterladen und gemeinsam an Aufgaben arbeiten. Die Kursräume fungieren als dauerhafte Begleitung der Präsenzseminare.

Nachrichten der Kursleitung

Dieses Forum ist den Dozierenden vorbehalten, sie können hier organisatorische Mitteilungen zu Seminarausfällen, Gastdozierenden oder Exkursionen einstellen. Das Forum ist der zentrale Ort für organisatorische Nachrichten und fungiert auch als Mailverteiler der Kursleitung.

Kursforum

Neben dem Kursleitungsforum sollte es ein zweites übergeordnetes Forum geben, welches auch für die Teilnehmenden freigeschaltet ist. Hier können sie sich untereinander austauschen, beispielsweise in Vorbereitung auf das nächste Seminar oder zwischendurch für Wortmeldungen rund um das Seminar.

Organisatorische Informationen

Im Kursraum sollten alle kursbezogenen Unterlagen zu finden sein, also beispielsweise Hinweise zu Prüfungsleistungen oder Anmeldeformulare.

Lernmaterial

Der Kursraum ist der zentrale Ablageort für alle kursbezogenen Lernunterlagen, also Powerpoint-Präsentationen, Linklisten oder Auszüge aus relevanter Fachliteratur.

Interaktive Lehre

Im Kursraum sind die interaktiven Elemente zu finden, mit denen die Teilnehmenden während des Seminars oder zur Vor- und Nachbereitung arbeiten sollen.

Aufgaben-Upload

Anstelle der Abgabe per Mail werden alle terminierten Abgaben von Lernergebnissen, beispielsweise Hausarbeiten, im Kursraum hochgeladen, die dazu gehörigen Termine sind automatisch im Kurskalender sichtbar.

Gruppenzuordnung

Über die Abstimmungsfunktion kann die Gruppenbildung oder Vergabe von Terminen organisiert werden.

Einzelne Kursräume zu den gesammelten Inhalten eines abgeschlossenen Seminars sind ein fester Bestandteil einer Moodle-Lernplattform. Allerdings muss vor der Einrichtung der Kursbereiche geklärt werden, was innerhalb von Moodle als "Kurs" gilt und wie die Seminarinhalte in der Kursraum-Logik angeordnet werden sollen. Die meisten Bildungseinrichtungen entscheiden sich für die klassische Struktur: Zu jedem Kurs im Seminarprogramm gibt es auch einen Moodle-Kurs. Für eine Hochschule bedeutet dies, dass jedes Modul einen einzelnen Kursraum erhält. In einer Schule könnte es für jedes Schul-fach in jedem Jahrgang einen Moodle-Kursraum geben.

Neben dieser klassischen Struktur sind allerdings mehrere Alternativen denkbar, die frühzeitig geprüft werden sollten, da sie über die weitere Struktur der Moodle-Lernplattform entscheiden und nicht nur in der schulischen Fort- und Weiterbildung, sondern insbesondere auch in betrieblichen E-Learning-Szenarien nützlich sind. So könnte anstelle der einzelnen Seminare oder Module auch Kursräume für übergeordnete Lernfelder, Kompetenzen oder thematische Schlagworte eingerichtet werden. In einem Kursraum ist dann nicht der komplette Inhalt eines bestimmten Seminars zu finden, sondern nur das Material, welches zu einem Schlagwort oder Lernfeld passt.

Mit dieser Struktierung einer Moodle-Lernplattform wird die traditionelle Fächerauftrennung, wie sie in allen berufsbildenden Schulformen und auch in der Hochschullehre üblich ist, aufgehoben und durch ein System ersetzt, welches sich stärker an den Inhalten der Seminare sowie dem praktischen Nutzen für die Lernenden orientiert. So wird nicht mehr die Logik des Modulhandbuches oder Stundenplans abgebildet - anstelle von 20 bis 30 einzelnen Kursen für Unterrichtsfächer gibt es zehn bis fünfzehn Lernfeld-Kursräume. Insbesondere in der betrieblichen Weiterbildung ist die Lernfeldorientierung eine leicht verständliche Alternative zu der "Seminar"-Logik, da es hier oft gar keine abgeschlossenen "Kurse" wie im Schulunterricht gibt.

Die Moodle-Kursräume werden bei einer Lernfeld- oder Kompetenzorientierung nicht nach einem Fach benannt, sondern nach einer Tätigkeit wie "Bestände und Wertströme erfassen und dokumentieren" in einem kaufmännischen Lernfeld. So sind die Handlungsfelder aller betrieblichen Funktionsbereiche auf einen Blick als Namen für die Kursräume einsehbar.

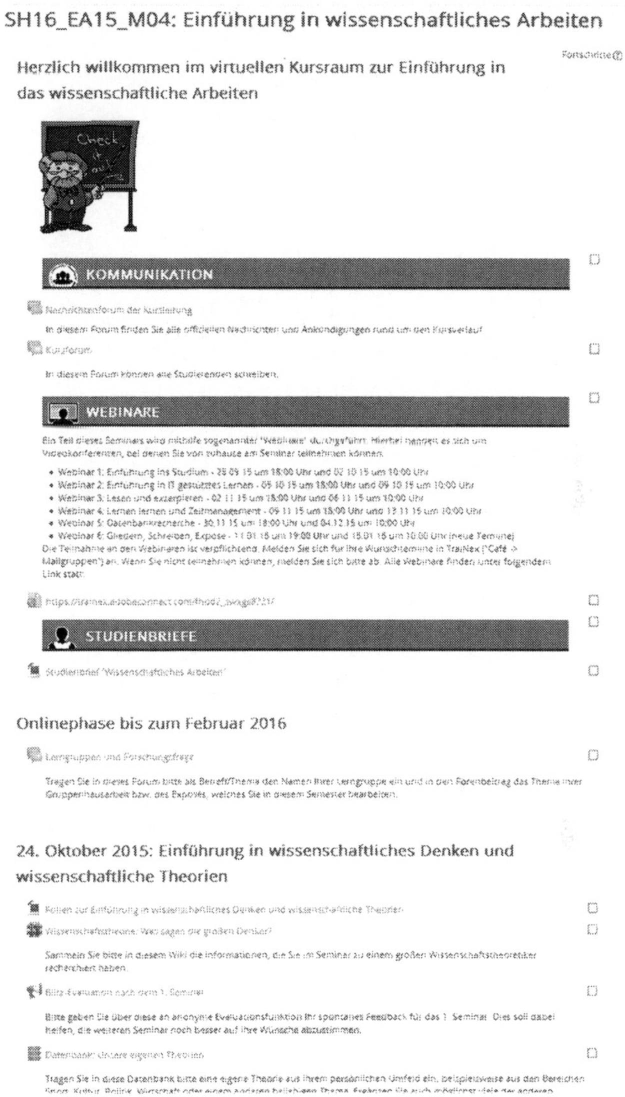

Beispiel eines modulbezogenen Kursraumes im Hochschulbereich.

30

Lerngruppen-Bereich

Wenn es an der Bildungseinrichtung organisierte Lerngruppen gibt, können diese einen eigenen Lerngruppenraum erhalten, der nur für die Mitglieder der Lerngruppe einsehbar ist. Dieser Kursraum dient der Organisation von gemeinsamen Projekten, dem Austausch innerhalb der Lerngruppe sowie der Sicherung von projektbezogenen Dokumenten. Der Lerngruppenraum sollte daher insbesondere folgende Funktionen enthalten:

Forum

Hier können die Lerngruppenmitglieder asynchron diskutieren oder den Arbeitsfortschritt besprechen. Sie können über das Forum auch Dokumente austauschen oder Kommentare zu Dokumenten sammeln. Das Forum kann auch als Mailverteiler innerhalb der Lerngruppe fungieren.

Abstimmung

Mit dieser Funktion können die Lerngruppenmitglieder beispielsweise Termine oder Aufgabenpakete innerhalb ihres Teams verteilen, ohne dabei auf externe Dienste wie „Doodle“ zurückgreifen zu müssen.

Wiki

Mit dieser Funktion können die Lerngruppenmitglieder gemeinsam an einem Dokument arbeiten und so beispielsweise Schritt für Schritt ihre Hausarbeit in Moodle er-stellen. Sie können zudem den Arbeitsfortschritt automatisch dokumentieren und verfügen über eine Sicherung aller Änderungen an ihrem gemeinsamen Dokument.

Chat

Hier können die Lerngruppenmitglieder sich zu synchronen Besprechungen treffen. Die Chatprotokolle werden automatisch gesichert und können beispielsweise als Grundlage für ein weiteres Brainstorming oder später zur Dokumentation der Projektarbeit genutzt werden.

Datenbank

Mit dieser Funktionen können die Lerngruppenmitglieder beliebig Dokumente rund um ihre Projektarbeit sichern und beispielsweise eine Foto-Datenbank ein-richten, relevante Ansprechpartner rund um ihr Projekt in einem Telefonbuch sammeln oder ein kleines Literaturverzeichnis aufbauen.

Feedback

Über die Feedback-Funktionen können die Lerngruppenmitglieder eigene wissenschaftliche Fragebögen aufbauen und diese als Entwurfsmodus für spätere Befragungen benutzen sowie den Fragebogen innerhalb ihrer Lerngruppe für Pretests einsetzen.

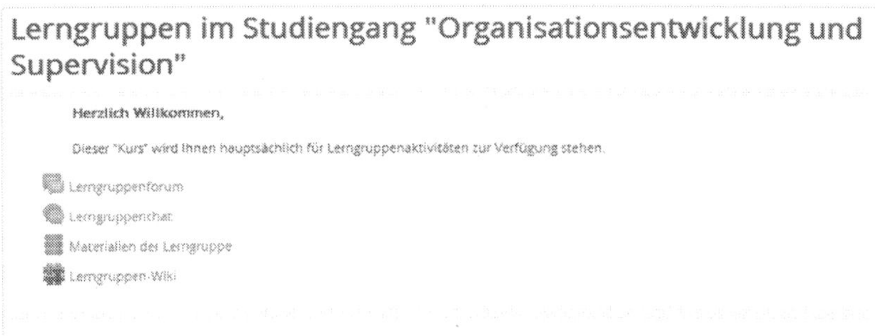

Kompakter Lerngruppen-Kursraum mit Forum, Chat, Materialdatenbank und Wiki.

31

Arbeitsgruppen-Bereich

Wenn innerhalb der Bildungseinrichtung besondere Projekte bearbeitet werden sollen, arbeiten die Projektmitglieder meist per Facebook oder Dropbox miteinander – das muss allerdings nicht sein, wenn die Bildungseinrichtung für ihre Projekte eigene Bereiche in der Lernplattform einrichtet. In diesen Kursräumen findet keine Lehre statt, sie dienen stattdessen als Arbeitsbereich zum Projektmanagement und allen Aspekten der Projektsteuerung.

So könnten beispielsweise dauerhaft angelegte **Arbeitsgruppen** wie beispielsweise die Schülerzeitungs-AG einen eigenen Bereich bekommen, um ihre Arbeit über die Lernplattform zu organisieren. Auch temporär angelegte **Projektgruppen** wie beispielsweise die Mitglieder eines Festkomitees zum Schuljubiläum können eigene Bereiche in Moodle bekommen, die beispielsweise die folgenden Funktionen enthalten können:

Projektmanagement-Wiki

In einem Wiki wird der jeweilige Arbeitsfortschritt dokumentiert, die Projektmitglieder können gemeinsam an Ausarbeitungen schreiben und beispielsweise einen Projektbericht in einem Wiki vorbereiten.

To-Do-Datenbank

In einer Datenbank werden die wichtigsten Aufgaben für die nächsten Monate mit Ablaufdatum, Dringlichkeit und Status gesammelt. Der Status lässt sich über eine Dropdown-Liste von allen Gruppenmitgliedern anpassen sowie mit Kommentaren versehen, um den Bearbeitungsstatus für die gesamte Gruppe sichtbar zu machen.

Termine

Über den internen Kalender können alle Termine der Projektgruppe verwaltet und verbreitet werden, die Termine müssen dann auf Kursebene angelegt werden und sind nur für die Teilnehmenden des Projekts sichtbar. Bei Bedarf können besonders wichtige Termine auch plattformweit verbreitet werden, beispielsweise Ankündigungen zu einer Projektpräsentation.

Kontaktdatenbank

In einer Datenbank werden alle relevanten Ansprechpartner für das Projekt gesammelt, beispielsweise alle möglichen Befragten bei einer wissenschaftlichen Untersuchung. Der Datenbestand wird von allen Gruppenmitgliedern in Moodle gepflegt und kann danach bei Bedarf in externe Programme übertragen und dort weiterverarbeitet werden.

Bildungsgangs-Bereich

Wenn die Bildungseinrichtung mehrere Bildungsgänge parallel anbietet, also beispielsweise eine Fachschulausbildung, einen Studiengang sowie eine Weiterbildung, sollte es für jeden dieser Bildungsgänge einen eigenen Kursbereich geben. Dieser Kursbereich fungiert als allgemeiner Treffpunkt für den jeweiligen Bildungsgang.

Formulare

Über den Material-Upload kann die Bildungseinrichtung spezifische Unterlagen für die einzelnen Kursgruppen bereit stellen, beispielsweise Anmeldebögen für Praktikumsstellen oder Formblätter für die Anmeldung einer Abschlussarbeit.

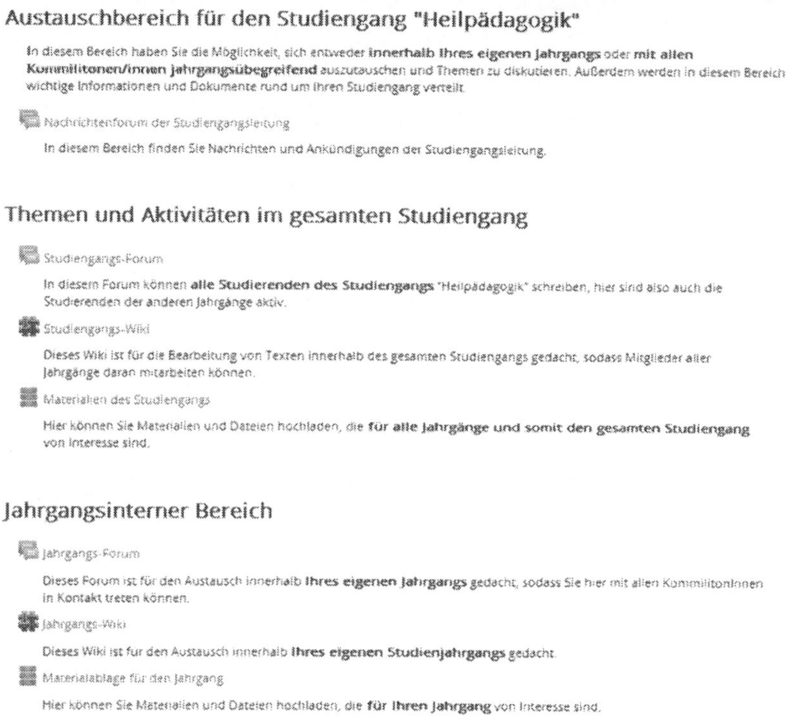

Austauschbereich für den Studiengang "Heilpädagogik"

In diesem Bereich haben Sie die Möglichkeit, sich entweder **innerhalb Ihres eigenen Jahrgangs** oder **mit allen Kommilitonen/innen jahrgangsübegreifend** auszutauschen und Themen zu diskutieren. Außerdem werden in diesem Bereich wichtige Informationen und Dokumente rund um Ihren Studiengang verteilt.

Nachrichtenforum der Studiengangsleitung

In diesem Bereich finden Sie Nachrichten und Ankündigungen der Studiengangsleitung.

Themen und Aktivitäten im gesamten Studiengang

Studiengangs-Forum

In diesem Forum können **alle Studierenden des Studiengangs** "Heilpädagogik" schreiben, hier sind also auch die Studierenden der anderen Jahrgänge aktiv.

Studiengangs-Wiki

Dieses Wiki ist für die Bearbeitung von Texten innerhalb des gesamten Studiengangs gedacht, sodass Mitglieder aller Jahrgänge daran mitarbeiten können.

Materialien des Studiengangs

Hier können Sie Materialien und Dateien hochladen, die **für alle Jahrgänge und somit den gesamten Studiengang** von Interesse sind.

Jahrgangsinterner Bereich

Jahrgangs-Forum

Dieses Forum ist für den Austausch innerhalb **Ihres eigenen Jahrgangs** gedacht, sodass Sie hier mit allen KommilitonInnen in Kontakt treten können.

Jahrgangs-Wiki

Dieses Wiki ist für den Austausch innerhalb **Ihres eigenen Studienjahrgangs** gedacht.

Materialablage für den Jahrgang

Hier können Sie Materialien und Dateien hochladen, die **für Ihren Jahrgang** von Interesse sind.

Bereich für alle Angehörigen eines Studiengangs sowie separater Bereich für einzelne Jahrgänge

Forum

Hier können die Angehörigen der einzelnen Bildungsgänge miteinander diskutieren oder auf Veranstaltungen hinweisen. Dies eignet sich besonders für Mitteilungen, die eine gewisse Vertraulichkeit erfordern.

Datenbank

Hier können wichtige Kontakte gesammelt werden, beispielsweise zu Praktikumsstellen.

Wiki

In einem zentralen Wiki können besonders gelungene Arbeitsergebnisse gesichert werden. Diese sind dann dauerhaft als Nachschlagewerk für die anderen Teilnehmenden innerhalb des gesamten Bildungsganges verfügbar.

Chat

Hier können die Mitglieder des Bildungsganges kommunizieren, ohne dass „fremde“ Teilnehmende mitlesen können.

> ***Best Practice:*** *In vielen Bildungseinrichtungen müssen sich die Teilnehmenden bei Krankheit morgens vor dem Unterricht telefonisch im Sekretariat oder durch eine kurze Meldung auf dem Anrufbeantworter abmelden. Über die Datenbank-Funktion in Moodle ist es möglich, eine Eingabemaske für Krankmeldungen einzurichten. Die Krankschreibung wird dann persönlich nachgereicht.*

33

Jahrgangs-Bereich

Um abseits der einzelnen Kurse einen Austausch zwischen den Mitgliedern eines Bildungs- oder Studienjahrgangs zu ermöglichen, sollte die Moodle-Plattform einen eigenen Bereich für diese Studiengruppen vorhalten. In diesem Bereich kann die Einrichtungsleitung die einzelnen Jahrgänge gezielt ansprechen und kursübergreifende Informationen für einzelne Jahrgangsgruppen, beispielsweise Erstsemester oder Jahrgänge kurz vor den Abschlussprüfungen, bereit stellen.

Mitteilungen an den Jahrgang

In diesem Forum kann nur die Einrichtungsleitung schreiben und offizielle Mitteilungen an einzelne Jahrgänge verschicken. Dies kann hilf-reich sein, um sensible Themen wie Konflikte in einem geschützten Forum mit der betroffenen Zielgruppe zu thematisieren.

Jahrgangsforum

Hier können sich die Mitglieder des Jahrgangs im Plenum austauschen und Mitteilungen verbreiten. Das Forum kann auch als Verteiler für E-Mails genutzt werden. Dieses Forum sollte üblicherweise für die Kursleitung oder sonstige VertreterInnen der Bildungseinrichtung nicht einsehbar sein.

Handouts

In einer Datenbank werden alle Handouts zu Referaten, die in einem Jahrgang gehalten wurden, gesammelt. Die Kursleitung kann über die Kommentarfunktion kurze Anmerkungen für alle Teilnehmenden zu jedem Handout hinterlassen.

Jahrgangswiki

Hier können sich die Mitglieder des Jahrgangs vorstellen und alle wichtigen Fakten zu ihrer Person sammeln. Das Wiki bleibt dauerhaft bestehen und kann ausgebaut sowie angepasst werden. Neue Jahrgangsmitglieder erhalten auf diesem Weg einen ersten Überblick über den Jahrgang sowie Vorerfahrungen sowie Interessen der anderen Seminarteilnehmenden.

Jahrgangschat

Ein jahrgangsinterner Chat sollte zu konkreten Zeiten freigeschaltet werden, damit sich die Jahrgangsmitglieder synchron austauschen können.

Jahrgangsdatenbank

In einer Datenbank können jahrgangsbezogene Unterlagen abgelegt werden, beispielsweise die jeweils aktuellen Stundenpläne oder Anmerkungen zu Klassenfahrten.

> ***Best Practice***: *Die Mitglieder einer Seminargruppe legen üblicherweise gesteigerten Wert darauf, dass die Kommunikation in ihrem internen Moodle-Bereich vertraulich bleibt. Doch auch, wenn dieser Wunsch nachvollziehbar sein mag - die AdministratorInnen haben stets Zugriff auf alle Kursräume. Es ist nicht möglich, ihnen den Zugriff auf einzelne Moodle-Kurse zu entziehen. Um die Vertraulichkeit der Jahrgangs-Räume zu gewährleisten, können die AdministratorInnen jedoch dazu verpflichtet werden, diese Bereiche der Lernplattform nur nach Rücksprache mit VertreterInnen der Seminargruppe zu betreten und die Aufnahme neuer Personen in den Kursraum durch Mitglieder der Seminargruppe erledigen zu lassen.*

34

Kollegiums-Bereich

Es gibt sie wohl in jeder Einrichtung - Mails an das Team, in denen eine Frage gestellt wird und jedes Teammitglied seine Antwort an den gesamten Verteiler schickt. Entsprechende Mailverteiler werden mit Moodle aber überflüssig, ebenso wie externe Festplatten oder Server zur Ablage von internen Dokumenten.

Für diese Einsatzzwecke eignet sich ein Bereich in Moodle, der allen festen (oder auch freien) Mitarbeitenden der Bildungseinrichtung zur Verfügung steht und einen Großteil der Einrichtungsorganisation sicherstellen kann.

Ein eigener Kollegiumsbereich in Moodle sollte auch zur Standardausstattung gehören, um auf diesen Weg den selbstverständlichen Umgang mit der Lernplattform zu pflegen und auch gegenüber den Lernenden mit „gutem“ Beispiel voran zu gehen – bei Evaluationen des E-Learnings ist sonst immer wieder Kritik nach dem Motto „Warum sollen wir Moodle nutzen, wenn es die Lehrenden auch nicht tun?“ zu hören.

Insbesondere in Bildungseinrichtungen mit mehreren Standorten oder einem Kollegium mit weitem geo-graphischen Einzugsbereich kann der Team-Bereich in Moodle zu einem verbindenden Element werden. Der Kollegiums-Bereich in Moodle könnte mit folgenden Elementen ausgestattet sein:

Rundmails

Anstelle von massenhaften Rundmails an alle KollegInnen sowie die jeweiligen Antworten kann ein Forum bereit gestellt werden, über welches die Kommunikation innerhalb des Kollegiums zentralisiert wird. So werden die E-Mail-Boxen der einzelnen KollegInnen entlastet, neue Teammitglieder bekommen zudem einen Überblick über vergangene Diskussionen innerhalb der Einrichtung. Die einzelnen Themen werden übersichtlich geordnet, es ist auf einen Blick sichtbar, wer bereits auf welchen Beitrag reagiert hat. Die Einrichtungsleitung kann interne Mitteilungen an das Kollegium in diesem Forum oder in einem separaten Bereich platzieren.

Teamkalender

Im plattformweiten Terminkalender werden die Geburtstage aller Mit-arbeitenden sowie alle relevanten Teamtermine eingetragen, beispielsweise Betriebsausflüge oder Feiertage. Weil alle Mitarbeitenden mit AdministratorInnen-Rechten im Teambereich ausgestattet sind, können Sie weitere Termine jederzeit ergänzen oder bestehende Termine anpassen. Wenn im Moodle-Bereich für das Kollegium auch kursweite Gruppen angelegt wurden, können in den Kalender auch kursinterne Termine (beispielsweise für die Schulleitung oder die Lehrenden eines bestimmten Fachbereichs) eingetragen werden.

Formularschrank

In einer Datenbank werden alle Formulare, die für das Kollegium relevant sind, also beispielsweise Reisekostenabrechnungen oder Auslagenerstattungen, gesammelt und laufend ergänzt. Das Kollegium verfügt also über einen ständig aktualisierten Formularbereich und kann die Unterlagen jederzeit, auch von zuhause, abrufen. Die Sicherung auf einem Netzwerk-Laufwerk wird somit überflüssig.

Abstimmungen

Mit der Abstimmungsfunktion können sich die Teammitglieder auf Termine einigen oder konkrete Themen zur Abstimmung stellen. Sie können damit auf externe Abstimmungstools wie „Doodle“ verzichten und sicher gehen, dass die Abstimmungen nur in einem gesicherten Bereich verfügbar sind.

Protokoll-Datenbank: In einer Datenbank können alle Protokolle von Teamsitzungen eingestellt und gesammelt werden. Alternativ können auch Protokolle in einem Wiki abgelegt und dann von den einzelnen Teammitgliedern ergänzt werden.

Datenablage

In einer Datenbank können alle sonstigen Unterlagen wie Prüfungsordnungen, Modulhandbücher oder Prüfungsleitfänden gesammelt werden, die sonst auf einer externen Festplatte oder einem Serverlaufwerk gespeichert und für alle Teammitglieder bereit stehen.

Stundennachweis

Im Hochschulbereich wird die Datenbank-Funktion vereinzelt dazu eingesetzt, um die Stundenlisten der studentischen Mitarbeitenden in Moodle zu pflegen. Hierfür wird die Datenbank-Funktion mit einigen HTML-Codes versehen, um die Stundenzahlen in den einzelnen Datenbankeinträgen automatisch zu addieren. Die Ein-richtungsleitung kann dann allerdings an einem zentralen Ort in der Lernplattform die Stundenkonten der einzelnen Mitarbeitenden einsehen.

Tutorial-Videos

Die wichtigsten Hinweise und Erklärungen von Abläufen können für neue Teammitglieder in kurzen Videos zusammengefasst werden, die zum Abruf im internen Bereich bereit stehen. Der Kollegiumsbereich dient somit auch der internen Fort- und Weiterbildung der Lehrenden.

35

Alumni-Bereich

Die meisten Teilnehmenden brauchen ihren Moodle-Zugang nicht mehr, wenn sie ihre Weiterbildung absolviert oder ihren Studiengang erfolgreich abgeschlossen haben - es sei denn, die Bildungseinrichtung bietet einen eigenen Bereich, um in Kontakt zu bleiben, sich zu vernetzen und auf neue Angebote aufmerksam gemacht zu werden. Die Daten früherer Teilnehmender gehen nicht verloren und können für Marketingzwecke genutzt werden. Alle AbsolventInnen werden in diesen Bereich eingetragen und können ihre Moodle-Zugangsdaten behalten.

Alumni-News

In einem Forum erhalten die AbsolventInnen direkte Nachrichten der Einrichtungsleitung, beispielsweise einen Newsletter mit besonderen Seminarangeboten.

Veranstaltungskalender

Die Leitung der Bildungseinrichtung kann alle Veranstaltungen auflisten, die für AbsolventInnen von Interesse sind.

Schwarzes Brett

In einem Forum können die AbsolventInnen private An- und Verkaufsangebote veröffentlichen sowie auf Artikel oder sonstige Internetquellen hinweisen, die aus ihrer Sicht interessant sind.

Kursmaterial

In einer Datenbank werden Kursunterlagen aus laufenden Kursen eingestellt, um das Interesse der AbsolventInnen zu wecken.

ExpertInnenbörse

In einer Datenbank oder einem Forum tragen sich die Absolventinnen wie auf einem "Markt der Möglichkeiten" ein und stellen ihre besonderen Fähigkeiten und Spezialgebiete vor.

Jobbörse

In einem Forum können die AbsolventInnen aktuelle Jobangebote aus ihren eigenen Einrichtungen veröffentlichen und somit in einem erlesenen Kreis nach Interessentinnen suchen.

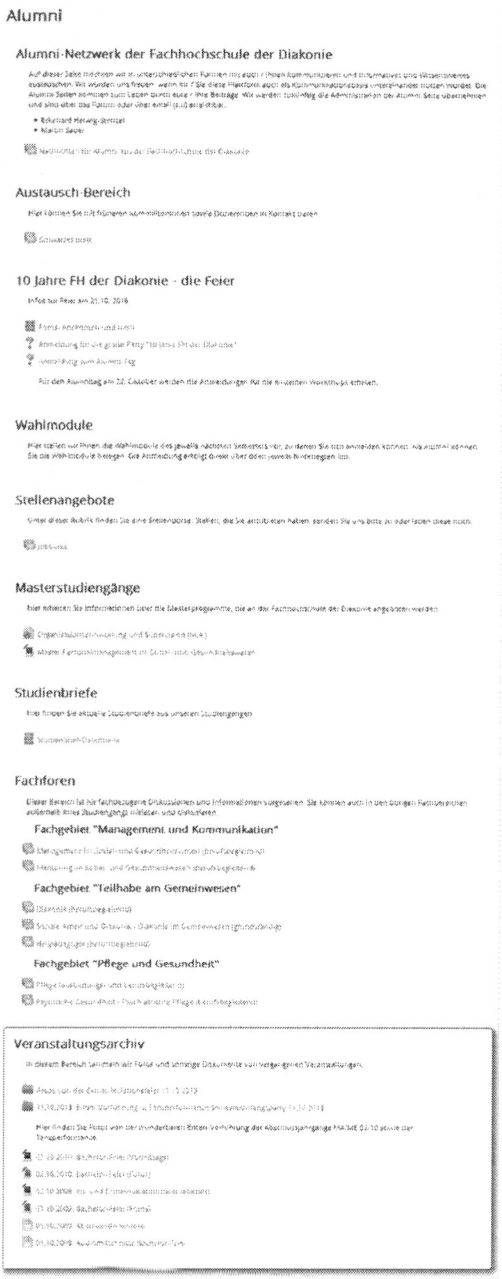
Alumni
Alumni-Netzwerk der Fachhochschule der Diakonie
Austausch-Bereich
10 Jahre FH der Diakonie - die Feier
Wahlmodule
Stellenangebote
Masterstudiengänge
Studienbriefe
Fachforen
Fachgebiet "Management und Kommunikation"
Fachgebiet "Teilhabe am Gemeinwesen"
Fachgebiet "Pflege und Gesundheit"
Veranstaltungsarchiv

36

Besucher-Bereich

Grundsätzlich ist Moodle eine geschlossene Plattform und die einzelnen Bereiche sind nur mit Passwort abrufbar. Die einzige Ausnahme: Mit einem Gastzugang können auch externe Besucher einzelne Räume betreten. Diese sind jedoch von der restlichen Plattform abgeschirmt.

Kursangebote

In einem Forum werden aktuelle Seminarhinweise und Veranstaltungstipps gesammelt, die externen Besucher können zu diesen Angeboten direkt Fragen stellen und die Tipps verlinken. Hier könnten beispielsweise auch Sonderangebote für Internet-Anmeldungen oder Seminar, für die es nur noch einzelne Restplätze gibt, beworben werden.

Anmeldeformulare

Über eine Datenbank mit Formularfeldern können sich Interessenten für bestimmte Seminare anmelden und ihre Kontaktdaten für die Bestätigung der Anmeldung hinterlassen. Das Formular dient somit zur Voranmeldung, die verbindliche Anmeldung wird erst nach Zusendung der Anmeldebestätigung und Zahlung des Teilnahmebetrages gültig.

Zugangsdaten

Über eine Datenbank oder die Feedback-Funktion können externe BenutzerInnen eigene Zugangsdaten beantragen. Die AdministratorInnen können die An-fragen sichten und individuell entscheiden, ob sie diese Daten in die Benutzerverwaltung übernehmen möchten.

Briefkasten

Über die Feedback-Funktion können externe Benutzer (sogar anonym) Fragen stellen oder Hinweise geben. Dies kann beispielsweise für Mobbing-Hinweise oder Verbesserungsvorschläge aus dem Umfeld der Bildungseinrichtung hilfreich sein, aber auch für allgemeine Anfragen zu bestimmten Bildungsangeboten von Interessenten ohne direkten Bezug zur Bildungseinrichtung.

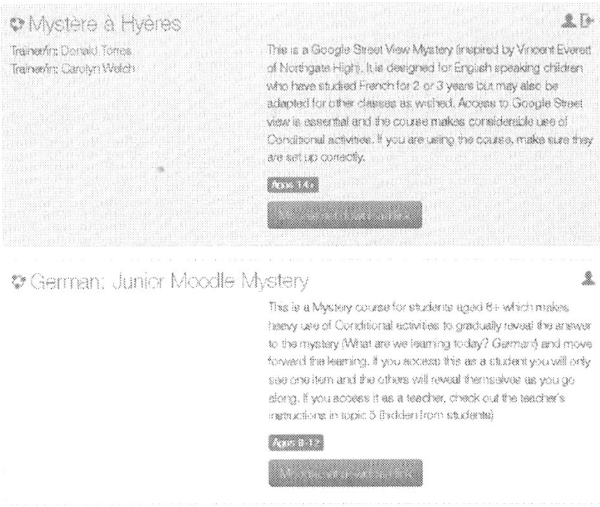

In der öffentlich einsehbaren Kursliste sind alle Kurse, die auch für Gäste offen stehen, mit einem kleinen Männchen gekennzeichnet (jeweils in der Ecke).

Schnupperkursraum

In einem beispielhaften Kursraum können sich Interessenten mit dem E-Learning an der Bildungseinrichtung vertraut machen und die Funktionen der Lernplattform testen.

Studierfähigkeitstest

In einem Gast-Kursraum wird ein so genanntes „Online Self Assessment“ bereit gestellt, also ein Selbsttest für Studieninteressenten, mit dem sie spielerisch die Anforderungen an zukünftige SeminarteilnehmerInnen prüfen können.

TEIL VI

Nächste Schritte

37

Ausblick

Zugegeben, auf den ersten Blick könnte eine knapp 200-seitige Abhandlung über die Vorbereitungen für den Einsatz einer Lernplattform abschreckend wirken - doch es gibt genügend Moodle-Installationen, die mehr schlecht als recht genutzt werden. "Moodle ist unübersichtlich" ist dann häufig in den Evaluationen zu lesen oder die NutzerInnen fragen ganz grundsätzlich: "Wofür ist Moodle eigentlich da?" Und in manchen Institutionen ist Moodle längst zum Synonym für eine lästige Pflichtübung geworden.

Um "Moodle-Frust" und "Moodle-Chaos" zu vermeiden, ist eine systematische Strategie unverzichtbar. Und womöglich haben die Leserinnen und Leser dieses Ratgebers, egal ob sie die Einführung einer Lernplattform vorbereiten oder ein bestehendes E-Learning-Arrangement optimieren wollen, im Laufe der Lektüre eine lange Liste mit Fragen und Aufgaben gesammelt, welche in den kommenden Monaten zu bearbeiten sind. Damit legen sie eine solide Grundlage für den späteren Moodle-Erfolg.

Bevor die erste Schulklasse jedoch einen Test in Moodle bearbeiten oder der erste Hochschulkurs an einer Forendiskussion teilnehmen kann, sind allerdings noch weitere Vorarbeiten nötig, die in diesem Ratgeber nur punktuell angesprochen und in separaten Werken dieser Buchreihe behandelt werden.

Eine große Baustelle besteht in der Administration der Lernplattform. Die Person, welche künftig als "Moodle-Man" oder "Moodle-Woman" das E-Learning-Angebot betreuen soll, geschult werden. Moodle bietet eine erstaunliche Vielfalt an Detailfunktionen, welche gezielt für den jeweils benötigten Einsatzzweck konfiguriert werden können. So gibt es allein für die Kurseinschreibung, also die Aufnahme eines Nutzers in einen Kursraum, etwa 50 verschiedene technische Möglichkeiten. Wer hätte beispielsweise gedacht, dass es ohne großen Aufwand möglich ist, externen Internetsurfern gegen Bezahlung einen direkten Zugang zu einem Kursraum zu verschaffen? Was ansonsten aufwändig programmiert werden muss, wird in Moodle kostenlos mitgeliefert - diese und andere Funktionen bedürfen aber detaillierter Erläuterungen.

Auch die didaktische Schulung der Lehrenden ist eine Wissenschaft für sich - nicht umsonst gibt es das Fachgebiet der "Medienpädagogik". Bei der Moodle-Nutzung sollen die Dozierenden aber nicht stundenlang bildungstheoretische Abhandlungen wälzen, sondern gut überlegen und schnell in die Umsetzung ihrer Ideen kommen. Und hierfür bietet Moodle unzählige Möglichkeiten - die einzelnen interaktiven Funktionen lassen sich mit guten methodisch-didaktischen Ideen in vielfältiger Weise einsetzen. Allerdings gibt es auch hier viele Detail-Einstellungen, mit denen der gewünschte Einsatzzweck noch verfeinert werden kann.

Zwar beziehen sich diese beiden Themenkomplexe auf dritte Personen, nämlich die AdministratorInnen und die DozentInnen, doch die Einrichtungsleitung nimmt auch für ihre Tätigkeiten eine zentrale Position ein. Daher ist es ratsam, dass diejenigen, die über die allgemeine E-Learning-Strategie beraten, auch konkret wissen, welche Möglichkeiten für die Administration und die Gestaltung des E-Learning eine Lernplattform wie Moodle bietet.

In der Phase nach der offiziellen Einführung der Lernplattform geraten üblicherweise einige typische Themen in den Fokus der Einrichtungsleitung, die an dieser Stelle kurz vorgestellt werden und frühzeitig bedacht werden sollten:

Moodle nachhaltig vermarkten

Die Einführung einer Lernplattform ist ein wichtiger Meilenstein in der Entwicklung einer Bildungseinrichtung. Doch üblicherweise lässt die anfängliche Euphorie schnell nach - und auch das Interesse an der Innovation, die ziemlich schnell zum Lern-Alltag dazu gehört. Damit E-Learning dauerhaft erfolgreich ist, sollte die Einrichtungsleitung sich bemühen, Moodle immer wieder aufs Neue auf die Agenda zu heben und intern sowie extern sichtbar zu machen.

Noch vor der eigentlichen Pilotphase der Einführung sollten alle Möglichkeiten genutzt werden, das Interesse der Angehörigen der Bildungseinrichtung auf E-Learning zu lenken - beispielsweise bei einem Tag der Offenen Tür oder einem Projekttag. SeminarteilnehmerInnen und Mitarbeitende sollten mit einem kurzen Newsletter rund um die nächsten Schritte bei der Einführung der Lernplattform auf dem Laufenden gehalten werden. Hilfreich ist auch die Entwicklung eines Logos oder Maskottchens, welches die Lernplattform in der Kommunikation symbolisiert.

Während der pilothaften Erprobung der Lernplattform sollten einzelne NutzerInnengruppen ausgewählt werden, welche erste Erfahrungen mit Moodle sammeln. Die Erkenntnisse dieser Tests werden ausgewertet, bevor die Lernplattform für alle Angehörigen der Bildungseinrichtung dauerhaft freigeschaltet wird.

Nach der Pilotphase werden alle NutzerInnengruppen an die Lernplattform herangeführt - beispielsweise könnte zur Einführung ein Quiz veranstaltet werden, bei dem die NutzerInnen diverse Kursräume durchsuchen müssen. Kurze Interviews mit einzelnen Nutzern werden an zentraler Stelle veröffentlicht, um Einblicke in die ersten Erfahrungen mit Moodle zu bieten und und eine starke Identifikation mit dem Projekt herzustellen.

Auch im Regelbetrieb ist es ratsam, das Thema "E-Learning" immer wieder ins Gedächtnis der NutzerInnen zu rufen - beispielsweise mit aktuellen Berichten aus dem Moodle-Alltag, einem Interview mit Dozierenden, Best-Practice-Beispielen von besonders hochwertigen Forenbeiträgen oder erfolgreichen Quiz-Ergebnissen.

Diese Maßnahmen sind auf den ersten Blick vielleicht etwas dick aufgetragen, doch weil Lernen meist im Verborgenen stattfindet, ist es umso wichtiger, eine Innovation wie E-Learning dauerhaft ins Rampenlicht zu befördern.

39

E-Learning jenseits von Moodle

E-Learning ist mehr als „nur“ Moodle – ständig kommen pädagogische Innovationen auf den Markt, welche frühzeitig als mögliche Ergänzung zu der Lernplattform geprüft werden sollten. Besonders spannend für den schulischen und betrieblichen Kontext sind die folgenden Trends, welche teilweise mit Moodle verbunden werden können und teilweise separat von einer Lernplattform etabliert werden können:

Mobile Learning

In den bisherigen zum Lern- und Mediennutzungsverhalten von nicht-traditionellen Studierenden wird die Bedeutung von mobilen Endgeräten für den Lernprozess unterstrichen. Zawacki-Richter et al.

(2014) weisen beispielsweise darauf hin, dass aufgrund der weiten Verbreitung von mobilen Endgeräten auch Ansätze des Mobile Learning zu berücksichtigen seien (S. 31), also beispielsweise Apps oder kurze Podcasts.

Webinare

Das „virtuelle Klassenzimmer“ kann bei der Studienberatung zum Einsatz kommen und die geographische Hürde senken. Webinare können zudem thematisch passend in Lehrveranstaltungen eingebunden werden.

Gamification

Als Lernkonzept wird das „spielerische Lernen“ an Universitäten nur sporadisch eingesetzt. Bisher wurden dabei im Zusammenhang mit Bildung vor allem Bildungsinhalte in Form von Spielen dargeboten („gamification of education“), wie etwa Wirtschaftssimulationen als Computerspiele, bildungsorientierte virtuelle Onlinewelten oder durch den Einsatz von Spielkonsolen im schulischen Kontext. Gamification könnte im Lehr- und Lernkontext des „Beyond School“-Projekts ein Werkzeug sein, mit dem das Verhalten von Menschen über Belohnungen virtueller Art gesteuert wird. Man nutzt den Spieltrieb des Menschen, da dieser so für das Erreichen bestimmter Belohnungen Mühen auf sich nimmt. Dieses Konzept kann sehr wohl auf die Bildung übertragen werden.

Multimedia

Moodle ist gut als technische Infrastruktur für die Verbreitung von multimedialen Inhalten geeignet. Zur individuellen Nachbereitung der Lehre könnten Videoaufnahmen von einzelnen Seminaren bereit gestellt werden.

Die Mitschnitte werden nicht editiert und als zusätzliche Ressource zur Wiederholung und bei Verständnisproblemen angeboten. Sie stehen insbesondere für solche Studierende bereit, die aufgrund von Familienpflichten einzelne Seminare nicht besuchen können. In kurzen Bild- und Ton-Aufnahmen vermitteln Dozierende ausgewählte Fakten rund um eine Lehrveranstaltung in komprimierter Form, die Inhalte werden explizit für dieses Format aufbereitet. Zudem können kurze Ausschnitte von Lehrveranstaltungen als Tondateien aufgezeichnet werden. Somit entsteht innerhalb von Moodle eine Mediathek mit Tondokumenten, welche die Studierenden beliebig abrufen können. Die Dateien sollen explizit zum Download bereit gestellt werden.

Literaturverzeichnis

Publikationen des Autors

Wieschowski, S. / Heinitz. M. / Hagemann, T. (2016): E-Learning: Zaghafte Schritte zur Pflegeausbildung 2.0. In: Die Schwester Der Pfleger. Die führende Fachzeitschrift für die Pflege, Heft 7/2016. S. 88-91. Melsungen: Bibliomed.

Praxistaugliche Ratgeber-Literatur

Dvorak, R. (2011). *Moodle for dummies*. John Wiley & Sons.

Wissenschaftliche Fachliteratur

Zawacki-Richter, O., Hohlfeld, G., & Müskens, W. Mediennutzung im Studium. (Schriftenreihe zum Bildungs- und Wissenschaftsmanagement No. 1/2014).

Niegemann, H.M., Hessel, S., Deimann, M., Hochscheid-Mauel, D., Aslanski, K. & Kreuzberger, G. (2004). Kompendium E-Learning. (1. Auflage). Berlin & Heidelberg: Springer Verlag.

Schulz-Zander, R. & Tulodziecki, G. (2011). Pädagogische Grundlagen für das Online-Lernen. In: P. Klimsa & L.J. Issing (Hrsg.). Online-Lernen. Handbuch für Wissenschaft und Praxis. (2. Auflage). (S. 35-45). München: Oldenbourg Verlag.

Hoeksema, K. & Kuhn, M. (2008). Unterrichten mit Moodle. Praktische Einführung in das E-Teaching. 1. Auflage. München: Open Source Press.

Aufenanger, S. (2006): E-Learning in der Schule. In: Computer + Unterricht 62, S. 6-10

e-teaching.org. (23. 08. 2012). Lernmanagement-Systeme (LMS). Abgerufen am 21. 12. 2012 von e-teaching.org. Informationsportal für Hochschullehrende:

http://www.e-teaching.org/technik/distribution/lernmanagementsysteme

Schulmeister, R. (2005). Was sind Learning Management Systeme? In R. Schulmeister, Lernplattformen für das virtuelle Lernen. Evaluation und Didaktik (2. Ausg., S. 5-15). München: Oldenbourg.

Iberer, U. (2010). Vom E-Learning zum Blended Learning: Aktuelle Entwicklung und didaktische Chancen virtueller Lehr- und Lernformen. [Internet]. Verfügbar unter:

http://www.theo-web.de/zeitschrift/ausgabe-2010-01/04.pdf

Wiepcke, C. (2006). Computergestützte Lernkonzepte und deren Evaluation in der Weiterbildung. Blended Learning zur Förderung von Gender Mainstreaming. Hamburg: Kovac.

Grob, H. L. Enzyklopädie der Wirtschaftsinformatik. Online-Lexikon. (K. Kurbel, J. Becker, N. Gronau, E. Sinz, & L. Suhl, Herausgeber) Abgerufen am 22. 01. 2013 von Oldenbourg Wissenschaftsverlag:

http://www.enzyklopaedie-der-wirtschaftsinformatik.de/wi-enzyklopaedie/lexikon/uebergreifendes/E-Learning/E-Learning-Methodologie/Web-basiertes-Lernen

Moritz, W. (2008). Blended-Learning. Entwicklung, Gestaltung, Betreuung und Evaluation von E-Learningunterstütztem Unterricht. Norderstedt: Books on Demand.

Kraft, S. (2003). Blended Learning – ein Weg zur Integration von E-Learning und Präsenzlernen. [Internet]. Abgerufen am 14.01.2014 unter: http://www.die-bonn.de/doks/kraft0301.pdf.

Kerres, M. (2012). Mediendidaktik. Konzeption und Entwicklung mediengestützter Lernangebote (3. Ausg.). München: Oldenbourg Verlag.

Kopp, B. & Mandl, H. (2011). Blended Learning: Forschungsfragen und Perspektiven. In: P. Klimsa & L.J. Issing (Hrsg.). Online-Lernen. Handbuch für Wissenschaft und Praxis. (2. Auflage). (S. 139-150). München: Oldenbourg Verlag.

Issing, L.J. (2011). Psychologische Grundlagen des Online-Lernens. In: P. Klimsa & L.J. Issing (Hrsg.). Online-Lernen. Handbuch für Wissenschaft und Praxis. (2. Auflage). (S.19-33). München: Oldenbourg Verlag.

Kerres, M., Ojstersek, N. & Stratmann, J. (2011). Didaktische Konzeption von Angeboten des Online-Lernens. In: P. Klimsa & L.J. Issing (Hrsg.). Online-Lernen. Handbuch für Wissenschaft und Praxis. (2. Auflage). (S. 263-271). München: Oldenbourg Verlag.

Reinmann-Rothmeier, G. (2003). Didaktische Innovation durch Blended Learning. Leitlinien anhand eines Beispiels aus der Hochschule. (1. Auflage). Bern: Verlag Hans Huber.

Printed in Poland
by Amazon Fulfillment
Poland Sp. z o.o., Wrocław

64226119R00132